黃大年

嗨！有趣的故事

Hi! Story

蕭顯志

【出版說明】

在文字出現以前，知識的傳遞方式主要就是語言，靠口耳相傳的方式記錄歷史與情感表達。人類的生活經歷、生命情感也依靠著「說故事」來「記錄」。是即人們口中常說的「傳說時代」。然而文字的出現讓「故事」不僅能夠分享，還能記錄，還能更好、更廣泛地保留、積累和傳承。

《史記》「紀傳體」這個體裁的出現，讓「信史」有了依託，讓「故事」有了新的準則：文詞精鍊，詞彙豐富，語言精切淺白；豐富的思想內容，不虛美、不隱惡。選擇人物一生中最有典型意義的事件，來突出人物的性格特徵，以對事件的細節描寫烘托人物的情感表現，用符合人物身分的語言，表現人物的神情態度、愛好取捨。生動、雋永而又情味盎然。

「故事」中的人物和事件，從來就是人類的「熱門話題」。她是茶餘飯後的趣味談資，是小說家的鮮活素材，是政治學、人類學、社會學等取之無盡、用之不竭的研究依據和事實佐證。

中國歷史上下五千年，人物眾多，事件繁複，神話傳說與歷史事實並存，正史與野史交錯互映，頭緒繁多，內容龐雜，可謂浩如煙海、精彩紛呈，展現了中華文化的源遠流長與博大精深。讓「故事」的題材取之不盡，用之不竭。而其深厚的文化底蘊如何呈現，怎樣傳承，使之重光，無疑成為《嗨！有趣的故事》出版的緣起與意趣。

《嗨！有趣的故事》秉持典籍史料所承載的歷史精神，力圖反映歷史的精彩與真實。深入淺出的文字使「故事」更為生動，更為循循善誘、發人深思。

《嗨！有趣的故事》以蘊含了或高亢激昂或哀婉悲痛的歷史現場，以對古往今來無數先賢英烈的思想、事蹟和他們事業成就的鮮活呈現，於協助讀者不斷豐富歷史視域和深度思考的同時，不斷獲得人生啟迪和現實思考、並從中汲取力量，豐富精神世界，在實現自我人生價值和彰顯時代精神的大道上，毅勇精進，不斷提升。

【導讀】

我們居住的房屋有門，乘坐的車輛有門，地球有門嗎？

有門。

門在哪裏？能打開嗎？

能！我要講的就是科學家黃大年教授，用生命叩開地球之門的故事。

一九五八年八月二十八日，朝陽剛剛爬上葵扇頂，響亮的嬰兒啼哭聲長了翅膀，飛出黃家，飛向六萬大山，飄蕩在群峰聳立的峽谷中……哦！兒子黃大年出生了，中學教師黃方明、幼兒園教師張瑞芳，高興得臉上掛滿了霞光。

黃大年在爸爸媽媽講的李四光、愛迪生、瓦特等科學家和發明家的故事中漸漸長大，小腦瓜兒裏裝滿了科學知識，還常常把科學知識帶到遊戲中，不是自己製作出爸爸說的地質勘探用的工具錘、羅盤、放大鏡「三大件」，就是用細竹竿搭起「鑽井架」。

黃大年聰慧、機靈、勇敢，在小夥伴裏是公認的「孩子王」。遇到拖拉機熄火在鐵道上，他迎著駛來的火車跑上去揮舞上衣；一個小夥伴在水塘溺水，他馬上跳水下去救人；上學路上遇到野豬，他讓同學們退後，自己揮舞著芭蕉葉迎了上去……

黃大年不但在危險時敢於出手，在課業上更是當仁不讓，幾乎每次考試都是第一。中學畢業時，正趕上廣西第六地質隊招工，他前去報考，被破格錄取為航空地球物理探勘操作員。中國恢復高考，他得知這個消息時距離考試只有三個月時間。黃大年一邊上班，一邊在夜晚複習，最後終於考上了長春地質學院。一九八二年，他大學畢業後留校任教。一年後，他又考取了碩士研究生，畢業後繼續留校任教，幾年後晉陞為副教授。

一九九二年，黃大年被選送到英國攻讀博士學位。二〇〇九年十二月，他響應中國的「千人計畫」，捨棄英國劍橋 ARKeX 航空地球物理公司高級研究員、項目經理、研發部主任以及博士生和博士後導師的名譽和地位，毅然回國，組建吉林大學暨吉林省「移動平台探測技術中心」重點實驗室並擔任主任，帶領他的研發團隊重點研究國家急需的「地球深部探測儀器」。這種設備就像「透視眼」，能探清地下深層的礦產、海底的隱伏目標，對國土安全具有重大價值。黃大年團隊打破了國外對這類高端裝備的長期壟斷和對中國的禁運，敲開了「地球之門」，為中國的「巡天、探地、潛海」填補了多項關鍵技術的空白。

由於多年的忘我工作，積勞成疾，黃大年患膽管癌住進了醫院，可他打著點滴，還在給學生答疑解難。二〇一七年一月八日，只有五十八歲的黃大年因醫治無效逝世。雖然黃大年走了，可人們彷彿還能看見他工作的吉林大學地質宮五〇七室的燈光仍然亮著，在黑夜裏熠熠生輝……

目錄

引子　大山回聲

「爸爸，咱們這兒的大山，怎麼這麼高啊？」

「還有比這高的山。」

「那有比山高的嗎？」

「腳。」

「什麼？腳？」

「等你長大了就知道了。」

一問一答的聲音，在大山裏迴盪著：「知道了……知道了……知道了……」一群棕腹樹鵲，學著回聲鳴叫：「知道了！知道了……」

「爸爸，山怎麼都像寶塔啊？」

「這些高聳的山是石灰岩山體，屬於喀斯特的。」

「什麼是喀斯特的呀？」

「喀斯特，這個詞原來是南斯拉夫西北部，伊斯特拉半島石灰岩高原的名稱。」

「什麼意思呢？」

「是岩石裸露的地方。」

「真好看……」

於是，大山回聲：「真好看……真好看……真好看……」

對話的是父子。

父親黃方明。

兒子黃大年。

他們坐在一塊巨大的岩石上，面對站成隊列的大山交談。

父親黃方明是一位教師，出生和成長在廣西六萬大山。

一九五〇年十二月，共軍進廣西清剿國民黨殘部和當地土匪。

廣西群山遍佈，林木參天，灌木叢生，人煙稀少，道路難尋，土匪隱藏在大山裏，要找到他們，不亞於大海撈針。要清剿與國民黨殘部相勾結的匪幫，得先找到匪巢；要找到匪巢，得有當地人當嚮導。

在土地改革工作隊的推薦下，黃方明成了共軍消滅土匪的嚮導。

「張營長！」黃方明看到了他要找的人。

「小黃！」張營長也認出了這個叫黃方明的小伙子，招著手走過來，「帶路的事想好了嗎？」

「不用想，」黃方明拍著胸脯說：「這裏的山路我熟悉。」

張營長打量著眼前的小伙子說：「你不怕？」

「怕就不站在你面前了。」黃方明仰了下頭。

「好！」張營長拍了一下黃方明的臂膀，抓住他的手說，「我們一起消滅土匪！」

黃方明使勁握握張營長的手說：「消滅土匪！」

共軍清剿土匪後，黃方明走進廣西「革命大學」的校門，當了一名教員，教那些「大老粗」戰士們識字、學文化。後來，又到黨校教馬列主義、毛澤東思想。

黃方明後來又從黨校轉到廣西地質學校，成了培養中國新一代地質人才的第一批教師。妻子張瑞芳跟著丈夫來到地質隊幼兒園當教師。

「大年，你知道爸爸為什麼給你起這個名字嗎？」

黃大年搖頭。

「大年，是中國春節，是一年的開始，也是冬去春來、喜慶的象徵。」黃方明給兒子解釋著，「國家需要你們這一代人來建設。好好學習，做對國家有用的人。」

「哦！」黃大年抬起臉看著爸爸說：「大年，我就愛天天過大年。」

「吼！天天過春節，就有好吃的吃，有新衣服穿！」

「嘻嘻嘻！」

笑聲在山間迴盪，風兒把回聲帶進山谷，帶進樹林，帶到山溪，於是滿山就飄蕩著稚嫩的笑聲……

李四光為什麼叫李四光

「再給我講個故事嘛！」黃大年搖著正在備課的爸爸的胳膊。

黃方明是位很有耐心的老師，本來可以說「等爸爸備完課再講」，可他沒有，而是輕輕放下備課簿，摸了下兒子的頭說：「好！好！爸爸給你講……」

「今天講誰的故事呀？」

「講……還講李四光的故事。」

「好啊！好啊！」

黃大年已經聽過爸爸講的李四光的故事，歪著頭問：「今天講什麼呀？」

「大年，你知道李四光的名字是怎麼來的嗎？」

黃方明從兒子疑惑的眼神裏看出他不知道。

「不知道吧？那爸爸就給你講李四光名字的來歷……」

「四光……」黃大年眨眨眼，自作聰明地說，「四光，就是四面八方都有光。嘻嘻！」

「呵呵！」爸爸也笑了，搖著頭說：「李四光是我國著名的地質學家。他是我們國家地球學和地質學的奠基人，為我國的地質、石油勘探事業做出了非常大的貢獻。特別是對大慶油田的發現，功不可沒……」

「爸爸，這些你都講過了。」

「哦！李四光的名字，名字。」黃方明知道兒子喜歡直奔主題，接著講：「李四光是湖北黃岡人，原來的名字是李仲揆。『揆』是測量方位的意思。」

黃大年自己默念著：「測量方位……」

「李四光十四歲那年，因為他學業優秀，被保送去日本學習，就是現在所說的留學。他在填寫表格的時候，拿起毛筆就把年齡『十四』寫在了姓名欄裏。寫錯了，這可怎麼辦？」

「是啊！怎麼辦？」

「李仲揆想了一下，靈機一動，把『十』字添上幾筆，成了『李』字。你看，姓有了。可後面是『四』，名字叫『李四』？張三李四的太俗氣了。那叫什麼呢？留學，是奔著知識和科學的光明去的，便在後面加了一個『光』字。」

「哦！」這回黃大年不自作聰明了，「李四光的名字原來是這麼來的呀！」

爸爸點點頭說：「是啊！李仲揆從此就改名成了李四光。」

黃大年揮了下小拳頭說：「嘿！還是『李四光』這個名字棒！」

「好了，故事講完了。」爸爸轉過頭說：「爸爸接著備課了。」

黃大年是個懂事的孩子，知道不能再打擾爸爸的工作，便不吭聲了，順手翻開一本書，靜靜地看起來……

雖然這本書裏還有些字黃大年不認識，可他能看懂是什麼意思，讀得津津有味。

爸爸終於把課備完了，舉起胳膊，伸伸懶腰。

黃大年放下書本，舉起小拳頭給爸爸捶著背，說：「你不是說李四光有好多好多故事嗎？」

「是啊！」黃方明知道兒子沒聽夠，「那就再給你講一個……」

「別再講名字了。」

「這個故事可是李四光沒改名時的故事。」

「李仲揆。」

「對呀！是李四光小時候的故事。」

黃大年沒有像別的小孩那樣催著，而是坐下來看著爸爸的眼睛，靜靜地聽。

「那好！我就再講一個李四光造鐵船的故事。李四光，哦！是李仲揆，像你這麼大的時候，家住在山溝裏的回龍山，從沒見過外面的世界。這天，小仲揆跟著他的爸爸出了山，來到一個叫團風鎮的地方，看到了寬闊、洶湧的長江，小仲揆驚訝得張大了嘴巴。長江裏有各種各樣的船隻在行駛。讓他更驚訝的是高得像樓房似的大輪船，上面還掛著五顏六色的旗子，太漂亮啦！小仲揆問爸爸，那是什麼船。爸爸告訴他，那是輪船，鋼鐵做的。小仲揆問，鐵那麼重，怎麼能夠浮在水上呢？爸爸說，因為船艙裏面是空心的，船就不會沉了。小仲揆不懂了，它不用人搖櫓，又沒有帆，怎麼還跑得那麼快呢？爸爸耐心地回答，它是靠機器開動的。哦！小仲揆明白了。回到家裏，小仲揆就從街上修壺的師傅那裏要了幾塊薄鐵皮，先在紙上畫好圖樣，再畫在鐵皮上，用剪子剪下來，又用小錘敲敲打打。兩天時間過去了，一艘兩頭翹翹，中間有船艙，上面掛著小旗，還豎著一個大煙囪的小鐵皮船就做出來了，還真像模像樣。小仲揆把它拿到池塘邊，小心翼翼地把它放到水裏。真的漂在水面上啦！小仲揆高興地用手划了幾下水，船順著水流漂去……『我做的小輪船開動啦！嗚——嗚——』小仲揆高興地跟著小鐵船跑……」

黃方明停下來，看著兒子。

「我也能造一艘大輪船。」黃大年衝著爸爸舉舉雙手說：「長大了，我要造一艘真的，像大山那麼大的輪船。」

「好兒子！」爸爸讚許地點頭說：「光有大船還不行，還要國家的強大。」

黃大年想起爸爸以前給他講的甲午海戰，似乎聽懂了爸爸的話，說：「等我長大了，一定要把咱們國家建設強大，誰也不敢來欺負我們！」

黃方明聽了兒子說出的大人話，誇獎說：「我兒子真是個小大人。」

「我明天就長成大人，做一個像李四光那樣的人。」黃大年挺挺胸脯，望著窗外的大山，踮踮腳，挺挺身子說：「山那麼高的人！」

「三大件」

「嗚嗚——嗚——」

「爸爸你看。」黃大年嘴裏學著輪船鳴笛聲，把手裏的紙船遞到黃方明眼前說，「我也能造大輪船啦！」

「真漂亮。」黃方明看著兒子用紙摺的船，心裏想：我剛講完李四光做鐵皮輪船的故事，他隨後就摺出一隻紙船來，好兒子！可嘴上卻說：「紙船可不行，一沾水就溼了。」

黃大年四下看看，張開兩手說：「我不是沒有鐵皮嗎？有的話，也能造出像李四光爺爺那樣的鐵輪船來。」

「我兒子一定能！」黃方明鼓勵說：「不光能造大輪船，還要像李四光那樣，把你的聰明放在努力學習上，學好本領，報效國家。」

那隻紙船，不知什麼時候在黃大年手裏變成了紙飛機。「飛啦！」他喊了一聲，揚起胳膊，把紙飛機用力擲出。

紙飛機先是直直地向前飛，然後藉著氣流在半空中畫著曲線，蝴蝶似的飛向山谷，最後鑽入霧氣裏，沒影了。

「怎麼？變成了紙飛機？」黃方明問兒子。

黃大年向爸爸搖動著一雙小手，嘻嘻笑著。

黃方明跟著兒子呵呵笑。

父子的笑聲在霧氣裏翩翩起舞，如一群紅頂眉飛進遠方的水松林。

兒子突然歪頭偷看著爸爸笑。

爸爸不知道發生了什麼，覺得兒子的眼神很奇怪。

黃大年時常這樣，弄得爸爸莫名其妙。

「怎麼啦？」黃方明問兒子。

黃大年的目光轉向聳立的大山說：「大山戳在地面上，像一根根胡蘿蔔似的，能看得清清楚楚。可是，地下的『蘿蔔根』是什麼樣子的？我們看不到啊！」

「能看到，能看到……」黃方明從地上撿起一塊石頭，掂了掂說：「從這塊石頭就能看到地下……」

「地下有什麼呀？」

「藏著東西啊！」

「什麼東西？」

「金礦啊！銀礦啊！鐵礦啊！銅礦啊！」

「還有石油。」

「你怎麼知道？」

「李四光爺爺就是找石油的科學家。」

「你知道靠什麼來找金礦、銀礦和石油嗎？」

黃大年搖搖頭，不吭聲了。

黃方明說：「靠物探。」

「物探是什麼呀？」

「物探嘛……就是地球物理勘探。說了你也不懂。」

「不懂才問的嘛！」

「好好！給你講。物探，是『地球物理勘探』的簡稱，就是以岩石、礦石或地層與圍岩的密度、磁化性質、導電性、放射性等物理性質差異為基礎，對地球的各種物理場分佈及其變化進行觀測。在這個基礎上，為探測地球內部結構與構造，尋找能源、資源和環境監測提供理論、方法和技術支持，為災害預報提供重要依據。」黃方明說得很專業。

黃大年聽不懂，可還是問：「這就能看到地下的東西了？」

「著名的地球物理學家趙九章先生是這樣形容地球物理學的：『上窮碧落下黃泉，兩處茫茫都不見。』」黃方明將目光移向窗外。

「『兩處茫茫都不見』，我懂，就是像山裏起大霧，什麼都看不見。可……『上窮碧落下黃泉』是什麼意思？」

黃方明就喜歡兒子刨根問底的態度，說：「『上窮碧落下黃泉』比喻上天入地，到處都找遍了。」

「哦！」黃大年明白了，「上天入地，把地下的東西找出來。」

黃方明雖然清楚兒子只有十歲，理解不了物探的專業術語，可還是想讓他多知道一些，於是說：「地球物理勘探探索地球本體及近地空間的介質結構、物質組成以及形成和演化，研究與其相關的各種自然現象及其變化規律。」

「規律……可是，用什麼找規律啊？」

黃方明掰著手指說：「地質隊員靠的是工具錘、羅盤、放大鏡這『三大件』。」

「『三大件』……」

黃方明看兒子還是不太明白，接著說：「錘子，是用來敲打岩石的，看看是什麼石頭；羅盤是用來研究方向、方位、間隔和磁場的變化規律的；放大鏡可以讓我們觀察肉眼不易看到的岩石特徵或內含物質。」

黃大年「嗯嗯」著低頭踱了兩步，停下來，朝著大山挺直身子說：「爸！我也要『三大件』，當一名地質隊員。」他揮著小拳頭往下敲了兩下，「我也要敲地球。」

黃方明撫摸著兒子的頭頂說：「我兒子一定是最棒的地質隊員。」

之後好幾天，黃大年沒再纏著爸爸講故事。

這天，黃方明下班回來，剛進家門，黃大年就拉著爸爸的衣襟說：「爸爸快來看。」

黃大年拉著爸爸到他的小書桌前，指著桌子上的三樣東西說：「我的『三大件』。」

喲！真的是「三大件」啊！

螺栓加個木柄，工具錘；瓶子底固定在鐵皮圈上，放大鏡；硬紙板上裝個鐵片針，羅盤。還真挺像的！

黃方明沒想到，跟兒子說「三大件」，兒子當真了，還做得有模有樣。

「李四光爺爺能用鐵皮造大輪船，我怎麼就不能做『三大件』？」黃大年拿起「錘子」揮了兩下，「以後，我肯定會有真的『三大件』。」

黃方明為兒子的作品感到欣慰，也為兒子的志向感到自豪，但說給兒子聽的只有兩個字：「一定。」

乒乒乓乓

「我國乒乓球選手莊則棟，在南斯拉夫的盧布爾雅那舉行的第二十八屆世界乒乓球錦標賽上，採用他獨特的直拍中近台兩面快攻打法，獲得男子單打冠軍，實現了世錦賽男子單打三連冠。」

收音機裏傳出振奮人心的消息。

「嗷嗷！中國隊贏啦！中國贏啦！」黃大年高興得跳了起來。

收音機裏繼續傳出好消息——

「中國運動員在七個項目的比賽中，共奪得五項冠軍、四項亞軍和七項季軍。中國乒乓球隊連續第三次獲得男子團體世界冠軍，中國女子乒乓球團體也取得新的突破，在決賽中擊敗曾經四連冠的日本隊，首次捧起考比倫盃。」

「爸爸！」黃大年揮舞著手裏的「乒乓球拍」，跑到黃方明面前說：「中國隊，冠軍！中國隊，冠軍！」

黃方明拿過黃大年手裏的乒乓球拍，看了一眼說：「等爸爸去城裏時，給你買個真的。」

「太棒啦！」黃大年拿過爸爸用膠合板給他做的乒乓球拍，猛地揮了個正手攻球，高興地說，「我練好了，也能當莊則棟，也能為國家奪冠軍！」

「爸爸一定給你買。」黃方明向兒子保證。

黃大年舉著膠合板乒乓球拍，在爸爸眼前晃動著說：「可要『紅雙喜』的喲！」

「好好好！」黃方明狠了下心說：「『紅雙喜』就『紅雙喜』。」

「走啊！打乒乓球去！」

小夥伴農擎天從外面跑進來，衝著黃大年喊。

「又來叫我……」黃大年一邊跑，一邊說：「上次輸了不服是不是？再戰！」

「這回不打球……」農擎天轉轉眼珠，賣了個關子說：「跟打乒乓球有關。」

「什麼有關？」

雖然農擎天沒贏過黃大年一次，可黃大年很佩服他不服輸的勁兒。農擎天名字叫

「擎天」，一股頂天立地的氣勢，可他的個子比黃大年矮半個頭，皮膚像山上的石頭一樣黝黑，脾氣也跟石頭一樣硬。黃大年問過他，為什麼起了這個名字。農擎天說，他母親到山上採菌子，把他生在擎天樹下了，他父親就給他起名叫「擎天」。

黃大年知道，擎天樹是當地人的叫法，這種樹的學名是望天樹。這種大樹高得要人仰頭望，樹梢插進雲朵裏，爬上去怕是要半天時間。「望天」沒有「擎天」氣派，黃大年很佩服農擎天老爸給兒子起的名字。

黃大年跟著農擎天來到他們打乒乓球的地方。

眼前所謂的乒乓球檯，就是黃大年帶領夥伴們，用土坯堆成的平台，修在高大的楠竹林下。楠竹長得很高，怕是能觸到雲彩。楠竹的莖幹很粗，粗得能跟小孩的腰相比。巨大的竹冠彎下來，酷似一柄大傘，雨天能擋雨，晴天能遮陽。

「不是打不過你，」農擎天指著檯子說，「是檯子不平，球一落上去就被坑窪墊飛了。」

還是不服，找藉口。

黃大年想諷刺幾句，可看了農擎天的強勁，只好說：「你是說把乒乓球檯子弄平整了，你就能贏我？」

農擎天使勁點頭：「嗯！」

黃大年逼問：「我把檯子弄平整了，真能贏我？」

農擎天雙臂一抱：「能！」

黃大年說：「這好辦。」

其實，黃大年早就想把檯子修平整了，就是一時沒找到材料。不過前天在學校工地那兒發現了石灰、水泥，這是再好不過的材料了。

這時，別的小夥伴也來了。

黃大年站到乒乓球檯上，把修乒乓球檯的事一說，立即得到大家的響應，呼啦啦奔向學校的建築工地。

學校的建築工地上正在建廁所。以前，學校沒有廁所，老師學生們要到校外的野地裏解手，很不方便。

黃大年把想要些材料修整乒乓球檯的想法向工地師傅一說，師傅們馬上答應了。不過，裝在袋子裏的不能動，只能撿掉落在地上的水泥、石灰。

馬上動手。

「選沒乾的撿。」黃大年指揮著小夥伴們。

大家一起動手，把掉在地上的溼水泥、石灰收拾到廢水泥袋裏。

正要往回走，黃大年叫住大家。他發現了一個瓶子，便撿起來說：「大家再找找瓦片什麼的。」

農擎天不解地問：「撿這些東西幹什麼？」

黃大年不答，神神祕祕地說：「到時候你就知道了。」

於是，大家撿了瓦片、玻璃瓶子等材料，唱起了他們自己編的〈乒乓球歌〉：「中國乒乓球隊，乒乒乓乓，天下無雙！乒乒乓乓乓，乒乒乒乓乓，乒乓乒乓乒，乒乓乓乒，乒乓乓，乒乓乒乓乓乓……」一邊唱，一邊蹦蹦跳跳往回走。

「聽我的指揮，」來到檯子前，黃大年吩咐著：「每人找一根木棒，我和擎天鋪水泥和白灰，然後大家用木棒在上面拍打。」

大家說：「是。」

吩咐完，黃大年和農擎天把紅土、白灰、水泥混在一起，灑上水，攪拌均勻，再一鍬一鍬均勻鋪到檯子上。

小夥伴們揮起木棒，砰砰砰地拍打，一邊拍打，一邊唱著「中國乒乓球隊，乒乓乓，天下無雙！乒乓乓乓乓乓，乒乓乓乓乓乓，乒乓乓乓乓乓……」

真是快活。

黃大年觀察著拍打的進度，見灰漿拍實了，又吩咐：「停！」

農擎天問：「怎麼不拍了？」

黃大年指著瓶子和瓦片說：「用瓶子、瓦片擀壓，擀出光來。」

哦！農擎天和小夥伴們這回明白了黃大年要他們撿瓶子、瓦片的用意。

「不要急，慢慢擀。」

在黃大年的指揮下，一個平整光滑的乒乓球檯子出現在大家眼前。

「吼！真棒！」大家欣賞著自己的成果，笑容掛在臉上。

「農擎天，你還怨不怨檯子了？」黃大年衝著農擎天舉舉球拍。

「明天開戰！」農擎天當然不服。

第二天，大家來到乒乓球檯前，伸出手摸摸檯面，光溜溜的，比臉蛋都光滑，大家爭著要打第一場。

「按規矩來。」農擎天站到檯前說：「大年和我總是排第一、第二，我們先來。」

小夥伴們認同，因為規矩是誰贏誰繼續玩，輸了的出局。

黃大年和農擎天開打，七分制，乒乒乓乓，農擎天很快以五比七輸給了黃大年，出局了。

農擎天站在一旁，看著別人跟黃大年打，還是不服，卻也無奈，誰讓黃大年那麼厲害，總是能繼續打下去呢！

半隻烤鴨

爸爸回來啦！

大年和弟弟大文撲上去，看看爸爸帶回了什麼。

是什麼呀？

不用眼睛看，鼻子已經知道了——好吃的！

紙包裏肯定是烤鴨，再不就是燒雞。

爸爸打開紙包，裏面是一隻烤得紫紅的烤鴨。

香氣撲鼻！

大年和大文盯著桌子上的烤鴨，誰也沒伸手——爸爸媽媽沒發話。

媽媽過來拿起烤鴨說：「不能一頓都吃光。」

弟弟大文咂著嘴說：「那我們要吃多少啊？」

黃大年拉過弟弟說：「先給你吃。」

大文銜著哥哥齜牙笑了。

「不能香就香一頓，」媽媽說著，到廚房把烤鴨切成兩半，拎出半隻來，「一半這頓吃，另一半留著下頓吃。」

「真香！真香！」大文吃完了還咂著嘴，眼睛瞥著媽媽放烤鴨的櫥櫃。

黃大年刮著弟弟的鼻子說：「可別偷吃喲！」

「嘿嘿！」大文笑著唱起了兒歌，「饞嘴巴，掉下巴；掉下來，掉到哪兒，一掉掉到地底下……」

「你也別偷吃呀！」媽媽對大年說：「我知道乖兒子不會的。」

「那當然。」黃大年歪著頭衝著媽媽笑。

兩個兒子都說不偷吃。到了傍晚，媽媽要拿出留下的半隻烤鴨當晚飯吃，可是那半隻烤鴨不見了。

「大年！大文！」媽媽從屋裏喊到屋外，不見他們的影子。

難道烤鴨長了翅膀，飛了不成？

「唉！」

媽媽歎了口氣，跟自己叨念：「哪個小孩不是饞嘴巴呀！」

不過，讓媽媽弄不明白的是，兩個兒子從來不偷吃啊，今天是怎麼了？

媽媽又來到院子外面喊，還是沒有人應答。

大年去哪裏了？

黃大年當然聽不到媽媽的喊聲了，他現在正在一個防空洞裏。

到防空洞裏去做什麼呀？

你看到蹲在那兒的阿仔沒有？垂頭喪氣的。

阿仔是大年的小夥伴，他怎麼躲到防空洞裏來了？

阿仔犯錯了。

阿仔在放豬時，一時沒留神，一隻豬崽掉到岩縫裏，弄傷了腿。阿仔爸爸剛喝了酒，藉著酒勁兒操起木棍就要打他。阿仔媽媽見了，趕忙上前抓住木棍，阿仔趁機逃走了，逃到了防空洞裏。

「阿仔！阿——仔——」阿仔媽媽四處呼喊：「你阿爸不打你啦——快回來吧！」

喊聲在山谷裏迴盪，可阿仔聽不見，他沒在大山裏。

媽媽找不到兒子，邊往家走，邊嘀咕：「這孩子，躲到哪兒去了？」

她不知道的是，阿仔鑽進了一個防空洞。

天漸漸黑了，阿仔有些害怕，一個人在防空洞裏過夜，他還是第一次。

「阿仔！阿仔！」

「大年？是大年！」

阿仔聽出是黃大年的喊聲，從洞口探出頭，小聲說：「我在這兒。」

「你媽媽喊你，沒聽見？」黃大年到阿仔跟前問：「害怕了吧？」

阿仔胸脯一挺說：「我才不怕呢！」

「不怕你怎麼打哆嗦？」

「我……我……冷的。」

「別裝了。你媽媽可著急了，快回去吧！」

「回家還是躲不過挨打……」

「那怎麼辦？」

咕嚕！咕嚕！咕嚕嚕！

黃大年聽到阿仔肚子裏有一隻山斑鳩在叫。

「餓了吧？」

「不餓。」

「不餓？嘻嘻！肚子裏的山斑鳩都叫了。」

阿仔捂捂肚子說：「是餓了……」

「別急，我給你弄好吃的去。」黃大年說著，轉身離開了防空洞。

阿仔望著黃大年的背影，一臉期盼。

黃大年跑回家，躡手躡腳進了屋，不知怎的，心慌得很，怦怦怦地像要跳出來似的。

他下意識地摀住胸口，可咚咚的心跳聲還在耳朵裏敲鼓。他穩了穩呼吸，四下看看，見媽媽和弟弟不在，便趕忙把櫥櫃裏的半隻烤鴨拿出來，用紙裹了裹，揣進懷裏……

阿仔見是半隻烤鴨，高興得不敢接，嘴裏嘟囔著：「你……你該不是從家裏偷出來的吧？」

「餓了，你就只管吃好了。」黃大年裝出不在乎的樣子說：「自己家的東西，不算偷。吃吧！」

阿仔真的餓極了，抱著烤鴨一陣啃，一會兒就把烤鴨給消滅了。

「肚子不叫了，你就先在這兒待著，我回去探探風。」黃大年說：「等我回來。」

黃大年走了，阿仔在他身後喊：「別把我阿爸領來。」

又過了一個小時，阿仔聽到媽媽的喊聲。

黃大年帶路，領著阿仔的媽媽來到防空洞前，向洞裏喊：「阿仔，我沒領你阿爸，是你媽媽。」

阿仔這才鑽出防空洞，一頭埋進媽媽懷裏，哭起來。

「回家吧！你阿爸說不打你了。」媽媽牽著兒子的手回家了。

黃大年也回到家，迎接他的是爸爸嚴厲的目光。

「我……我回家晚了……」黃大年還記得不許天黑才回家的家規。

黃方明啾啾兒子的嘴巴，還湊近抽抽鼻子問：「你沒偷吃那半隻烤鴨？」

黃大年搖頭說：「我……我沒偷吃。」

大文在一旁說：「哥，半隻烤鴨沒了。」

媽媽說風涼話：「你沒偷吃，大文沒偷吃，那是讓貓給叼走了？」

黃大年看看弟弟一臉委屈的神情，聲音低低地說：「是……是讓我偷了，可沒吃。」

爸爸追問：「你沒吃，那哪裏去了？」

黃大年只好坦白，聲音在嗓子眼裏咕噥：

「是……是給阿仔吃了……」

「為什麼？」爸爸要問個明白。

黃大年只好把自己偷了烤鴨給阿仔吃的經過說了一遍，然後靜靜地站在牆角，等候爸爸發落。

「知道做錯了吧？」媽媽質問。

「我錯了……」黃大年承認。

黃方明聽完了兒子講的緣由，沒生氣，也沒發火，反而說：「兒子，你做得對。」

「啊！」黃大年出乎意料：爸爸怎麼原諒了我，還說「對」？

深潭救夥伴

小孩子天生喜歡玩水，特別是夏天到野外的河裏、池塘裏游泳。

由於地質隊經常搬遷，現在黃大年一家跟隨廣西第六地質隊，居住在距離縣城七公里的七里橋。

平常和黃大年一起玩的小夥伴，也都是地質隊同事的孩子，和大年一樣跟著爸爸媽媽一起遷徙。

七里橋這裏一到雨季，珠江、鬱江的洪水就會溢出內河河堤，湧向各條支流。

有一條支流經過七里橋，每年都會在這裏留下大大小小的水坑，水坑裏往往會隱藏著深潭。

深潭有多深？沒人知道。

酷暑時節，雨天溼熱，陰天悶熱，晴天燥熱，滿世界都像大蒸籠似的，讓人覺得身體在膨脹，呼出的熱氣都能燙鼻孔。

這個時候，到水裏玩一玩，洗個澡，游會兒泳，該多麼清涼暢快啊！

「嗷！」

一群男孩子叫喊著朝七里橋跑去。

七里橋旁有一個大水坑，是洪水過後留下的，晴天水清得發藍，陰天水清得發綠。

撲通！撲通！

小夥伴們脫下背心、褲衩兒，紛紛跳下水，激起的水花在陽光裏閃爍。

黃大年在夥伴中水性最棒，游得快不說，潛在水下憋氣的時間也最長，小夥伴們沒有一個不服氣的。

這個大水坑近岸水淺，離岸邊十來公尺的地方也就齊腰深，可過了這個距離有多深，只有黃大年知道。
「誰知道那裏有多深？」農擎天指著大水坑中間說：「沒人知道吧？」
阿仔說：「你知道嗎？」
農擎天搖著頭說：「我想知道，可潛水下去我不行。」
大家的目光聚向黃大年。
黃大年沒說什麼，一個跳水潛了下去……
小夥伴們看著水面泛起的氣泡，數著數：「一、二、三、四、五、六……」一直數到十八，黃大年才鑽出水面，舉起一隻手，游向岸邊。
原來他手裏抓著一把水底的淤泥。
「我估計，少說也有四五公尺深。」
他把手裏的淤泥給大家看。
「這麼深，都別往裏頭去了，」阿仔對大家說：「危險。」
「阿仔說得對。」黃大年說：「水性不好的，要當心。」

「啊！啊啊！」

「有人淹著啦！」

「救人啊！」

「快救人啊！」

黃大年趕緊轉身，發現一個同伴溺水了，正在水中掙扎。

這是一個新搬來的男孩，大家還不知道他的名字，只是聽他媽媽叫他回家吃飯時，喊「小鼎」。

小鼎剛才見黃大年往池塘中央游，也就跟著游去，沒想到在離岸邊十幾公尺處落腳時踩空了。

小鼎腳下一空，心一慌，一連喝了幾口水，更緊張了，雙手胡亂撲騰著，連「救命」都沒喊出來。

黃大年飛速游到小鼎跟前，一把抓住他的胳膊。可是沒料到，小鼎反倒一把將黃大年的一隻手抓住了，抓得死死的。

溺水的人一旦抓住什麼東西，死也不放手。

怎麼辦？怎麼辦？怎麼辦……要是被小鼎這樣抓著，不僅救不了他，自己也活不成……黃大年雖然害怕，可是沒慌，他穩住神，沉住氣，心裏想著對策——只有擺脫小鼎的手，才能救他，也才能救自己。

於是，黃大年用另一隻手使勁掰開小鼎的手指，猛地一抽，然後轉到小鼎身後，推著他的後背朝岸邊游。

農擎天和阿仔早已經找來一根樹枝，伸向岸邊的小鼎。

小鼎抓住樹枝，被拉了上來。

黃大年隨後上岸，說：「快把他翻過來！」

大家把小鼎頭朝下放到一塊大石頭上，然後拍打他的後背。

小鼎哇哇吐了一陣子水，兩眼怔怔地看著大家。

阿仔衝他喊：「大年救了你。」

農擎天也說：「是大年。」

小鼎看著黃大年，卻什麼也說不出來，哇地哭了。

黃大年拍拍小鼎的肩，回過頭和大家說：「這些水坑都很危險，咱們以後還是別在水坑裏游泳了。」

小夥伴們看看水坑中沒有一絲波紋的水面，又看看正在抽泣的小鼎，都默默地點了點頭。

攔住火車

這天，黃大年和同學司志剛結伴走在回家的路上。

司志剛最愛和黃大年一起回家了，因為大年有講不完的「為什麼」。

「大年，今天講什麼？」司志剛問。

此時，兩隻杜鵑從他們頭頂飛過，留下「布穀！布穀！」的叫聲。

司志剛指著飛過的杜鵑說：「就講講布穀鳥吧。」

「好啊！」黃大年說：「杜鵑會把蛋下在別的鳥的窩裏。知道為什麼嗎？」

司志剛搖頭說：「是啊！杜鵑為什麼把蛋下到人家窩裏呀？」

黃大年說：「杜鵑是『寄生鳥』，就是牠自己不做窩，也不孵化，更不餵養自己的孩子。把蛋產到別的鳥的窩裏，就什麼都不管了。」

「那窩的主人不會把杜鵑的蛋推出去嗎？」司志剛提出新的問題。

「是啊！」黃大年說：「志剛，你知道變色龍嗎？」

司志剛說：「當然知道。變色龍的身體顏色能隨著牠身處的環境變化，在綠色的環境中就變成綠色，在紅色的環境裏就變成紅色。」

「對了。」黃大年接著說：「杜鵑下的蛋就像變色龍一樣，蛋殼的顏色和花紋會和窩主的蛋相似。」

「哦！讓窩主分辨不出來。」司志剛明白了。

「杜鵑幼雛孵化出來後，為了減少爭食，會把人家的卵和幼雛推出巢外。」

「太可惡了！」司志剛憤憤不平。

「這是鳥類的生存競爭。」黃大年說：「窩裏只剩下杜鵑一隻幼雛，窩主就只餵養這一隻鳥兒，一直餵養到牠飛出窩。」

此時，一輛拖拉機突突突地從他們身後駛過去。

司志剛眼睛一亮，指著拖拉機說：「我們搭順風車怎麼樣？」

「腳沒在你腿上長著啊？」黃大年拉住司志剛。

司志剛踢踢腳說：「踏破鐵鞋無覓處，得來全不費工夫。」

「什麼呀！」黃大年撇撇嘴說：「盡胡謅。你知道前兩句是什麼？」

司志剛撇撇嘴，說不上來。

黃大年搖晃著腦袋，裝作古人吟唱的樣子道：「崆峒訪道至湘湖，萬卷詩書看轉愚。」

「什麼意思？」司志剛將黃大年一軍。

「說來話長啊！」黃大年放慢腳步，講解起來，「這是宋代詩人夏元鼎的〈絕句〉裏的詩句。崆峒是山名，在甘肅平涼西邊。湘湖呢，是在西湖附近。意思是說，為了學道，我從崆峒一路尋訪輾轉到湘湖，愈想從詩書中找尋答案，反而變得愈癡愚。」

「哦！」司志剛似乎明白了，「『踏破鐵鞋無覓處，得來全不費工夫』，就是說，即使把最結實的鞋都磨穿，還是一無所獲，沒想到最後答案竟毫不費力地出現在眼前。」

「拖拉機就在眼前。」黃大年說著，加快腳步追趕拖拉機。

「追不上的……」司志剛緊跟著黃大年，一會兒就氣喘吁吁了，放慢了腳步。

黃大年回頭對司志剛說：「在前面停下了。」

他們跑到拖拉機跟前，發現拖拉機停在鐵道上了。

「司機師傅，怎麼停在鐵道上？」司志剛上前問。

「車輪卡在鐵軌上了。」黃大年看了看說：「快幫忙推吧！」

於是，他們兩個一起使勁地推，司機在駕駛室裏加大油門，一陣子「突突突」，拖拉機只是晃動，車輪死死地卡在鐵軌裏。

怎麼辦？

黃大年想起阿基米德「給我一個支點，我就能撬動地球」的名言，說：「要是有一根木棒就好了。」

司志剛四處張望，可去哪兒找木棒啊？

木棒沒找到，火車卻來了。

嗚！嗚——

火車的汽笛聲從遠處傳來。

拖拉機司機跳下駕駛室，慌張地朝火車駛來的方向看，急得直跺腳。

司志剛不停地催促黃大年：「快想想辦法，怎麼辦？」

火車鏗鏘的聲響愈來愈近……

如果不攔住火車，恐怕就會……黃大年不敢去想後果。救火車，怎麼救？情急之中，老師給他們講的河南少年「紅領巾救火車」的紅領巾，彷彿在他眼前閃過；解放軍歐陽海為救列車捨身推戰馬的身影，在他眼前晃動……可是今天沒有戴紅領巾，怎麼辦？

「志剛，你戴紅領巾了嗎？」他忙問司志剛。

司志剛張開雙手說：「沒有啊。」

「沒有紅領巾……」黃大年還在急速地思索，「用什麼能給火車報警呢？」

一陣風吹過，掀起衣襟。

「哦！有了！」

黃大年心頭一亮，急忙脫下白色的上衣，跑上鐵道。

「你要幹什麼？」司志剛跟了過去。

「攔住火車。」

黃大年把回答丟在身後。

嗚！隆隆隆隆——

火車的聲音愈來愈近。

黃大年把上衣高高舉起，拚命地揮舞著，大喊著：「前面有危險！趕快停車！停車！停車！」

火車轉過一個彎道，露出了火車頭。

黃大年還是迎著火車向前跑著，嘴裏還在大聲呼喊著……

火車與黃大年愈來愈近，愈來愈近……

「快躲開！」司志剛朝黃大年喊。

「我躲開了，火車司機看不見怎麼辦？」黃大年的心跳聲與火車車輪撞擊鐵軌的聲響融在一起，震得他頭昏腦脹……

白色上衣還在黃大年頭頂上揮舞——

終於，火車司機發現了前面的情況——一個少年揮舞著白色衣服——有危險！

火車司機緊急拉閘，車輪與鐵軌摩擦，冒出一溜兒火星……

吱——吱——吱——

火車逼近了黃大年，尖厲的煞車響聲不但咬耳朵，還扎心。

「快躲開！躲開——」

一旁的司志剛見火車與黃大年距離只有四五公尺，急得失聲大喊。

就在火車頭要撞到黃大年時，他就地一滾，滾下路基，滾進了蒿草叢。

火車又往前滑行了十幾公尺，在拖拉機前停下來。

哧——

火車放出一團蒸汽。

火車司機、黃大年、司志剛、拖拉機司機，都長長出了口氣。

火車司機從車頭上跳下來，握住剛剛爬上路基的黃大年的手。

拖拉機司機的臉嚇得都白了，嘴唇哆嗦著說不出話。

司志剛跑過來用力拍了下黃大年的肩膀說：「你真棒！」

「小同學，謝謝你呀！」火車司機還在驚悸之中，聲音發顫。

黃大年穿上衣服說：「叔叔，多虧你發現了……」

「看到你揮舞的白衣服才發現狀況。」火車司機說著，才想起來問話，「小同學，你叫什麼名字？」

「沒有這個小同學，怕是……」拖拉機司機不敢往下說。

黃大年看看司志剛，沒吭聲。

不一會兒，附近火車站的站長和工人們趕來了。

「我認識他，是黃老師家的孩子。」一個工人認出了黃大年。

司志剛指了下黃大年說：「他叫黃大年。」

「快回家吧！」黃大年拉起司志剛，跑開了。

避免了火車與拖拉機相撞，化解了一場重大事故，這可不是一件小事，火車站第二天就給學校送來了表揚信。

早操的操場上，校長宣讀了這封表揚信。

操場上響起暴風雨般的掌聲……

斷後

廣西六萬大山，山高林密，山道崎嶇，野獸出沒。你知道嗎？「六萬大山」其實不是指大山的數目，「六」是壯語「山谷」的近音，「萬」的壯語意思是「甜」，合起來就是「甜水谷大山」。

地質隊開赴六萬大山，家屬也就隨著搬到這裏，孩子們上學要到離村子十多里的學校。山上經常有野豬、大靈貓、果子狸、椰子狸、山獾、華南虎、金錢豹、黑熊、豺等野獸出沒，所以上學路上很危險。

為了防備野獸襲擊，村子裏的孩子們總是結伴上學，互相壯膽。

這天，黃大年和同村的小夥伴們唱著歌兒走在上學路上。他們爬上山崗，穿過大片的甘蔗林，鑽過茂密的竹林，蹚過潺潺流淌的山溪。

阿仔從路邊的芭蕉樹上折了一片大大的葉子遮在頭上，問身邊的黃大年：「你見過這裏的野獸嗎？」

黃大年跟隨爸爸搬來時間不長，進山次數也不多，沒見過什麼野獸，便搖搖頭。

阿仔還問：「見過大老虎嗎？」

「在動物園見過。」黃大年回答。

「那不算野獸，」阿仔說：「動物園裏的和野外的不一樣，野外的才是野獸。」

黃大年反過來問他：「那你見過什麼野獸？」

阿仔眨眨眼說：「我見過蛇。」他用手比畫著，「這麼粗、這麼長的大蛇。」

「淨吹牛！」農擎天白了阿仔一眼說，「哪有水缸那麼粗的蛇？」

阿仔遭到奚落，梗著脖子說：「那我見過大野豬。」

「又吹。」農擎天撇嘴，打趣說：「我還見過大象呢！誰信啊！」

「真的……」阿仔的聲音小了。

「你是聽說過吧？」農擎天靠近阿仔說，「我替你說吧！是你二舅見到過……」

於是，他講起了阿仔二舅與野豬的遭遇——

那天，阿仔的二舅在清水溪岸邊放牛，正在樹蔭下坐著，突然一隻野豬從灌木叢裏躥出來。阿仔二舅一驚，慌忙站起來，朝野豬甩動牧羊鞭。然而，鞭子啪啪的響聲，沒能阻止野豬的襲擊。轉眼間，野豬就把阿仔二舅撞倒壓在了身下，發瘋地撕咬。這時，阿仔二舅家的兩條家犬狂吠著撲向野豬。趁野豬分神的瞬間，受了重傷的阿仔二舅一咬牙，起身爬上一棵蘋婆。野豬不顧兩條狗的攻擊，反身撞向蘋婆，把樹上的果子撞得嘩啦嘩啦往下落。家犬見野豬還在攻擊主人，奮力撲過來，一條狠狠咬住野豬的脖子，一條狠狠咬住野豬的後腿。野豬可能被咬疼了，掉頭朝山裏逃去……村民們趕來，從樹上救下阿仔二舅，再尋找野豬，發現野豬因流血過多，已經死在了野葡萄籐下。

「你說，我講的對不對？」農擎天不依不饒，對阿仔說，「你見過？你是吃了野豬肉才聽說的。」

阿仔被揭穿了，默不作聲了。

山裏有一句老話：說什麼，來什麼。

他們剛剛爬上一個小山坡，就聽路旁的灌木叢中窸窸窣窣響，樹木搖搖擺擺，肯定有動物藏身！

黃大年一下子僵在那裏，腿微微發抖。他屏住呼吸，眼睛緊緊盯著灌木叢，張開雙臂，把小夥伴們擋在身後，低聲說：「都別動。」

大家站在那兒，大氣兒不敢出。

灌木叢一陣響，一隻野獸探出頭來。

「野豬！」農擎天驚叫。

面對凶悍的野豬，黃大年腦中一片空白：怎麼對付眼前的野豬？

嘩啦！

是阿仔手裏的芭蕉葉。

黃大年腦中劃過一道閃電，他將阿仔手裏的芭蕉葉奪過來，雙手握緊葉柄，擺出迎擊野豬的姿勢，扭頭對大家喊：「快跑！」

大家都慌了。

慌不擇路。

因為身處坡頂，小夥伴們就順著山坡嘰哩咕嚕滾了下去。

野豬朝黃大年衝過來。黃大年揮舞著芭蕉葉，野豬嘴裏嗷嗷叫喊著，沒有後退的意思。

野豬在他面前停下了，呼哧！呼哧！噴著粗氣，彎彎尖尖的獠牙像刀子一樣鋒利。

「僵持不得……」黃大年對自己說：「且戰且退……」

於是，他把芭蕉葉搖得嘩啦嘩啦響。

野豬被芭蕉葉的響聲嚇得一愣，不敢動了。

黃大年趕緊後退，可他忘記了身後是山坡，又被腳下一塊石頭絆了一下，也嘰哩咕嚕滾了下去。

一陣劇痛……他想站起來，可是失敗了。

過了不知多久，小夥伴們尋來，發現黃大年躺在樹叢裏，站不起來了。

黃大年看著安然無事的小夥伴們，長長呼出一口氣，心也跳得穩當了。

「沒事吧？」農擎天問。

黃大年說：「你們沒事，我就沒事。」

農擎天蹲下來看了看黃大年的腿說：「什麼沒事啊！大年，你的腿摔斷了。」

「腿斷了，還說沒事……」阿仔說：「那怎麼辦？」

「還愣著幹什麼？」農擎天發令，「抬回去呀！」

大家便抬著黃大年，返回村子。

別的小夥伴有的手臂傷了，有的頭磕破了點皮，有的衣服被勾破了，但都無大礙。

村民們都誇獎黃大年——

「要不是大年這孩子擋住野豬，我們孩子怕是躲不過去呀！」

「為了同學，自己卻摔斷了腿……」

「從小看到大，大年這孩子長大了準有出息。」

「別誇獎他了，」黃方明對鄉親們說：「大年他就是膽大，什麼都敢出頭，沒什麼。」

黃大年的腿骨折了，到醫院打了石膏，醫生說恐怕要半年不能走路了。

雖然黃大年的腿摔傷了，可他卻成了同學和小夥伴們心中的大英雄。

魔書

黃大年和黃大文兄弟倆有一套魔書。

什麼魔書啊？

噓——

保密。

為什麼要保密啊？

在孩子堆兒裏，誰都想有拿手的絕招。不然，誰服你呀！

黃大年的爸爸黃方明是一位教子有方的老師，他不給孩子們買什麼玩具，也不經常給孩子們買好吃的。那天，黃方明從貴縣縣城回來，手裏只拎了一個四四方方的紙包。

什麼東西呀？

肯定不是好吃的。

爸爸把用紙繩捆紮的黃色馬糞紙包放在桌子上。

兩個兒子趴在桌沿上，盯著紙包。

爸爸慢慢地把紙繩解開，把黃紙打開，露出了裏面的東西。

「哇——」

大年和大文幾乎同時叫了起來：「《十萬個為什麼》！」

黃大年看著爸爸問：「書裏真的有十萬個『為什麼』嗎？」

「十萬個，數都數不過來。」大文掰著手指頭。「呵呵！」爸爸笑了，說：「其實，

《十萬個為什麼》書名是借用了蘇聯科學文藝作家伊林的科普讀物《十萬個為什麼》。而伊林呢，又是從諾貝爾文學獎獲得者，英國作家吉卜林的詩句：『五千個在哪裏？七千個怎麼辦？十萬個為什麼？』中的『十萬』得來的。『十萬』是虛指的數字，不是實數。」

「原來是虛數呀！」黃大年明白了。

大文點著頭說：「我也明白了，我就不數了。」

「要珍惜這套書，好好讀。」爸爸拿起一本，在手裏掂掂說：「雖然書很輕，可裏面的知識很沉，要一點兒一點兒裝進腦子裏。」

「都裝進腦子裏。」大文拿起一本翻看。

「你又不認識幾個字，」黃大年說：「輕點，別翻壞了。」

大文歪著頭說：「我認字不多，你可以給我講啊！你是哥哥，就要給我講。」

「霸道」的弟弟總讓黃大年這個當哥哥的沒辦法。

從此，《十萬個為什麼》就成了兄弟倆最喜歡的讀物。他們天天看，日日翻；看不夠，翻不完。這套書裏面有很多很多他們想要弄懂的知識，這些知識可是兄弟倆的「撒手鐧」。

同村的小夥伴跟別人玩的是泥巴、捉螞蚱、捉迷藏；跟黃大年哥兒倆玩，是玩「為什麼」，有趣。

小鼎家是從東北大慶搬來的。廣西大山裏的一草一木都讓小鼎覺得稀奇。

傍晚，小鼎在村頭遇到黃大年和黃大文哥兒倆。

「大年哥，這些大樹長得真高。」小鼎指著粗大的楠竹說。黃大年糾正著：「這不是大樹，是竹子。」

小鼎不懂了，問：「為什麼竹子不是大樹啊？」

黃大年在《十萬個為什麼》裏看過為什麼竹子是「草」，於是，慢慢向小鼎講解：通常人們把植物分成兩種，草本和木本。雖然竹子可以蓋房，也可以造橋，可它和稻子、麥子一樣，莖是空的，屬於禾本科。竹子空心，也就沒有年輪了。雖然竹子又高大又結實，但它的確是一種「草」。

小鼎仰頭望著高高的楠竹：「噢！這麼高的草啊！」

黃大年敲了一下小鼎的額頭說：「明白了吧？」

小鼎的眉頭還是沒有展開，他指著一旁的白桐樹問：「那……為什麼樹幹都是圓的？」

黃大年看了弟弟一眼說：「你還記得嗎？」

哥哥跟他講過，大文當然記得。大文終於有露一手的機會了。

「我給你講吧！在圓形的樹幹裏，藏著不少科學道理呢！你看，圓形的樹幹不容易被碰傷。如果樹幹上有稜有角，動物就能很方便地啃光樹皮，還會在樹幹上蹭來蹭去解癢癢。這樣一來，當然對樹木生長不利了……圓形的樹幹比起方形或三角形的樹幹，更能夠抵抗風吹雨打，風能夠很容易地沿著樹幹的圓弧形表面滑過……所以，樹幹長成圓的對樹木是很有利的，所以樹幹就是圓的啦！」大文講得斷斷續續，有點背課文的味道。

「你們哥兒倆真厲害！」小鼎佩服地說：「怎麼什麼都知道？」

「我們有一套『魔書』啊！」

眼看大文要暴露祕密，哥哥大年趕緊搗住了大文的嘴巴。

「『魔書』？」小鼎張大了嘴巴問：「是魔法書嗎？」

「別聽他瞎說，」黃大年推了弟弟一把，對小鼎說：「要想腦子裏有知識，就得多看書，多學習。」

小鼎一個勁兒點頭，連連說：「我懂了。」

「你懂些什麼呀？」阿仔不知什麼時候已經站在他們身後。

小鼎反問：「我不懂，你懂？」

「我不懂也沒說懂啊！」阿仔說完，用鼻子哼了一下。

小鼎覺得受了阿仔的欺負，轉過身去默不作聲。

天漸漸暗下來，山谷一片墨綠，山間飄蕩著薄薄的霧氣，從霧氣中不時傳來一聲聲畫眉的啼鳴。

「喂喂！你們看——」小鼎不再沉默了，指著暮色中的點點亮光喊起來。

阿仔衝他撇嘴說：「你們東北當然沒有了，那是螢火蟲。」

「螢火蟲？」小鼎轉向黃大年問：「為什麼螢火蟲會發光啊？」

黃大年遲疑了一下，說：「螢火蟲能發光，是螢火蟲體內一種叫作蟲螢光素酶的化學物質和氧氣相互作用，產生了光亮。」

「蟲螢光素酶……是什麼呀？」小鼎刨根問底。

「蟲螢光素酶就是蟲螢光素酶，」大文在一旁瞪著眼睛說：「這不是『為什麼』。」

「蟲螢光素酶裏面有含磷的化學物質。」黃大年真有耐心，接著解釋，「含磷的物質和氧氣發生反應，常常會發出一閃一閃的光亮。」

「真長知識，真長知識。」阿仔連連說著，向黃大年投去佩服的目光。

不僅小朋友們佩服黃大年，就是老師們也很佩服他。

一天，老師正在講課，學生們正聚精會神地聽講，突然從教室後頭傳來咕的一聲。

老師轉過身看。

同學們臉上的表情僵硬得變了形——有的像老榆樹皮，有的像裂開的榴槤，有的像呆呆的木瓜，有的像眼珠凝固的死魚……每個人都怕別人的目光投向自己，便都扭頭看向其他人，還都摀住了鼻子。

顯然，有人放屁。

一片寂靜……

一片尷尬……

「屁……」

同學們的目光聚向開始說話的黃大年。

黃大年站起來向老師請求：「請老師允許我說說屁，可以嗎？」

老師想笑，但忍住了，說：「可以的。給你一分鐘。」

「好的。」黃大年泰然自若，娓娓道來：「為什麼人會經常放屁？同學們別笑，放屁是一種正常的生理現象。人吃下的食物在消化時，由於吞入消化道的空氣、或是腸道菌群的作用產生的氣體。這些氣體在體內累積，並隨同腸蠕動向下運行，由肛門排出體外，就形成了屁。」

「哦！」

同學們的手從鼻子上拿開了。

「屁的多少與人們的飲食有關。洋蔥、生薑、生蒜、薯類、甜食、豆類和麵食等食物含有能產生大量二氧化碳、硫化氫等氣體的物質，所以愛吃這些食物的人在飯後往往會廢氣大增，不斷放屁。」

「哈哈！」

同學們開始笑。

「科學家研究發現，人每天放屁大約十四次。屁雖然臭，但放屁是一種正常的生理需要。一個人一天到晚不放一個屁，這對健康不利。一年到頭總不放屁的人，極有可能是消化器官出了毛病，需要到醫院看醫生。老師，我的一分鐘到了。」

同學們鼓掌。

老師也鼓掌。

黃大年在心裏偷偷笑：這是我從《十萬個為什麼》看來的，不是什麼高論。

後來，課堂上又有人憋不住，發出一聲「鴿子叫」，但是，再也沒人故作驚訝了。

「放屁大解放嘍！」下課了，調皮的同學站在凳子上高喊。
「嗽！嗽——」
同學們起哄。
但從此，大家都知道了放屁的科學道理，再也不把放屁當成多麼尷尬的一件事了。

八百里路雲和月

地裏的甘蔗割了一茬又一茬，樹上的波羅蜜摘了一年又一年，枝頭上的紅耳鵯孵了一窩又一窩……
白駒過隙，時光荏苒，黃大年的小學時光轉眼間過去了。
「喔喔——」
跳到牆頭上的大公雞一聲啼鳴，喚出了太陽。
黃大年睜開眼，太陽趴在窗台上跟他打招呼。

吃過早飯，他背上書包，準備叫上阿仔、農擎天他們去上學，可媽媽叫住了他。

「兒子，上哪兒去？」

黃大年停下腳步，轉過身說：「叫上農擎天他們上學啊！」

「你忘了嗎？今天去羅城縣。」媽媽提醒兒子，「爸爸已經去借自行車了。」

「哦！」黃大年一拍腦門兒說：「忘了要去羅城上初中了……」

黃大年小學畢業了，要上初中，可這裏沒有中學，只能到羅城縣城去寄讀。羅城離這裏有八百里，要坐爸爸的自行車，還要坐汽車，再坐火車……路途遙遠。不過，黃大年隨著爸爸所在的地質隊輾轉各地，已經是走南闖北的人了，對這個路程不擔心。

叮鈴鈴！

外面車鈴響。

「爸爸借來自行車了。」媽媽說著，把早已收拾妥當的行李塞到兒子手裏，「上了火車注意看好，別丟了。」

黃大年拿好行李說：「媽媽放心吧！我這麼大的人了，帶著兩隻眼睛呢！」

於是，黃大年坐在爸爸的自行車後座上，來到了汽車站。

汽車開動了，爸爸還站在那裏衝著兒子揮手。

那一刻，黃大年的鼻子酸了，眼窩發熱，眼角溼潤了……車愈開愈遠，爸爸的身影愈來愈小，可在黃大年心裏，爸爸的身軀永遠像冷杉樹那樣挺拔高大。

下了汽車，又上火車，下了火車，又步行去學校，顛簸了整整一天時間，天快黑才到學校。

他要寄讀的是一所設在羅城縣的「五七」中學，準軍事化管理，很嚴格。

讀小學時，黃大年散漫慣了，突然換了環境，換了學習生活方式，還真的有點不適應。沒了農撃天、阿仔、小鼎那些小夥伴一起玩耍，也沒有弟弟大文跟在他屁股後頭問這問那了，也聽不到媽媽的嘮叨了……

不過，幾天過後，黃大年喜歡上了這裏的「軍事化」，因為他事事要強的性格有了用武之地。起床哨一響，他第一個起床穿好衣服，第一個整理好內務，第一個完成洗漱，第一個站在操場上……

哈！又是什麼都第一。

「第一」讓他心裏充滿了自豪、自信和力量。

老師不斷的稱許，更加督促黃大年積極上進，處處表現優異，他一時間成了全校的標竿。

由於「五七」中學是臨時成立的，缺少校舍和各種教學設備，要想把學校辦下去，就得發揚南泥灣「自己動手，豐衣足食」的精神，邊辦學，邊建設。

建校舍，要搬運磚瓦、水泥、木頭，學校沒有車輛運，只能靠人搬肩挑。

學生們當然閒不著，都參與到建設工程中來。

這下子，身材魁梧的黃大年可真是有地兒使勁了。

挑磚，一條扁擔倆籮筐，一次挑八塊，沉重的大紅磚壓得扁擔吱呀呀地叫，可黃大年不聲不響，腳步穩健敏捷，別人挑兩趟，他挑三趟。

雖然有幹勁，可黃大年以前很少挑擔子，他的肩膀很快被壓腫了，疼，當然疼。黃大年不吭聲，把帽子墊在肩頭，咬著牙堅持，還是一次挑八塊磚，腳步依然飛快。

老師和同學們看在眼裏，暗暗佩服。

休息時，黃大年想把墊在肩頭的帽子拿下來，可剛往下一揭，疼得他嘶地吸了口氣——肩頭磨出的水泡破了，與帽子黏在了一起。

這一幕被同學賴常吉看到了。

「大家來看啊！」賴常吉喊起來。

黃大年忙去捂他的嘴，可是晚了。

同學們圍攏過來，賴常吉把黃大年的衣服扒開，露出血淋淋的肩頭。

「啊！」

女生嚇得直叫。

「看看！」賴常吉指著黃大年的肩頭說，「黃大年挑磚挑得最多，走得最快，活兒幹得最多。」

「用得著大驚小怪嗎？」黃大年推開賴常吉，把肩頭蓋上說，「破點皮就叫喚，還算什麼男子漢？」

老師過來看了黃大年的肩頭，說：「趕快到醫務室處理一下，好好休息。」

「不！」黃大年來了強勁，「我還能幹。」

「沒說不讓你幹，你去給瓦工遞磚吧！」

遞磚不用磨肩膀。黃大年說：「保證配合好瓦工。」

屋牆一塊磚一塊磚地壘起來了，瓦片鋪到房頂上了，門窗也都裝上了，漂亮的校舍建起來了。

有了教室，可屋子裏空空的，書桌和凳子還都沒有。

書桌和凳子要用木板做，沒有木板，就只好用土坯搭建了。

老師帶領學生們把紅土打成土坯，然後用土坯搭成書桌，砌成凳子，等土桌凳乾透了，老師們開始上課。

學生們都住校，一天三頓飯在校吃。學校缺少蔬菜，大家吃菜成了難題。

於是，學校發起「自己種菜自己吃」的號召。

學校外面荒地多的是，老師便帶著學生們開荒整地，建起了菜園子。

黃大年雖然沒種過菜，可他頭腦聰慧，老師一說他就會，而且很快就上手。他把菜地整理得平平整整，將紅土坷垃壓成細細的土面，開好溝壟，然後播種澆水。

果然，他負責的菜地最先出苗，而且水靈靈的菜苗長得很快，沒幾天就綠油油一片。「同學們看看黃大年種的菜。」老師帶學生們參觀，「什麼事情都要細緻，都要認真，都要用心來做。」

同學們真的很羨慕黃大年，不但每次考試都拿第一，幹別的也是行家裏手，不愧是大家學習的榜樣。

轉眼要放寒假了，同學們都要回家。一些同學的家離學校很近，步行一會兒就到了，可黃大年回家要趕八百里的路。有了來學校報到的經歷，他一點兒也不害怕。他到火車站買票，坐著火車到鎮裏，然後再乘長途汽車，下了汽車就靠雙腳走。

黃大年為了不讓爸爸騎自行車來接，也為了鍛鍊一下自己，便沒有把放假回家的時間告訴爸爸。

黃大年突然出現在爸爸媽媽面前，讓他們大吃一驚。

爸爸黃方明沒說什麼，只是重重地拍了下兒子的肩膀。

「八百里路啊！」媽媽還是嘮叨：「你一個人走山路，遇到野獸怎麼辦？」

爸爸說：「大年已經是大人了……」

比山高的是翅膀

初中的學習很快結束了。

一步三回頭，黃大年背著行李，戀戀不捨地離開了自己揮灑汗水參與建設的「五七」中學。雖然已經看不見校園高高的旗桿了，可操場上「一二一」、「一二三四」的整齊喊聲，還縈繞在耳邊。

登上火車，黃大年又趕了八百里路回到家。

一進家門，媽媽就對兒子說：「畢業了？畢業考試考得怎麼樣？」

黃大年放下行李，到媽媽跟前說：「媽，你兒子什麼時候不是第一呀？」

媽媽戳了一下兒子的額頭說：「看把你能的……」

黃大年看媽媽在收拾東西，便問：「媽，這又是……」

「我們又要隨著大隊搬遷了。」

「搬到哪兒？」

「貴縣。」

貴縣就是今天的廣西貴港市。

「初中畢業了，該上高中了，」黃大年問爸爸：「我要上哪所學校啊？」

「唉！」黃方明歎了口氣說：「就上貴縣高級中學。不過……入學考試早就結束了，我跟學校爭取一下，看能不能補考。」

「爸爸，你一定要幫我爭取到補考。」黃大年抓住爸爸的胳膊搖著說，「我肯定能考好。」

黃方明相信兒子的能力，點點頭說：「爸爸儘快聯繫學校，你給我考個第一名。」

不負爸爸所望，黃大年在補考中成績第一，順利進入貴縣高級中學讀書。

又是三年苦讀，高中畢業的黃大年已經是十七歲的大小伙子了。

高中畢業後怎麼辦？幹什麼？

黃大年在街上發現一張招工的佈告——廣西第六地質隊招工啟事。

童年時就有的當一名地質隊員的願望，在黃大年的心頭再次燃起。

「比山高的是腳。」黃大年想起爸爸說過的話，拿定主意，「我要當地質隊員，用雙腳丈量國家的山嶺和大地。」

他飛快地跑回家，對媽媽說：「我要報考地質隊。」

「唉！」媽媽輕輕地歎氣說：「要能恢復高考就好嘍！」

黃大年說：「我先當地質隊員，等恢復高考了，再考大學。」

「那就先當地質隊員。」媽媽說，「等你爸爸回來了，你跟他商量商量。」

「爸爸當然支持我了。」黃大年心裏有底。

「我支持什麼啊？」爸爸正好進屋了。

媽媽說：「大年要報考地質隊。」

黃大年忙接過話來說：「爸，我看到地質隊的招工啟事了。」

黃方明打量著兒子，高高的個子，魁梧的身材，真的長大了。

黃大年被爸爸看得不自然，問：「難道我不像個地質隊員嗎？」

「兒子呀！你爸爸是教地質的，你不是早就想做個地質隊員嗎？現在有機會了，去考吧！」黃方明說，「幹就幹好，幹得優秀。」

黃大年做了個鬼臉說：「黃方明的兒子幹什麼都優秀，絕不給老爸丟臉。」

「好兒子！」黃方明將雙手放在兒子寬闊的肩膀上，「聽你這話，爸爸放心。」

黃大年說：「我明天就去報名。」

媽媽說：「明天讓你爸爸陪你去。」

黃大年擺手說：「可別讓爸爸去，別讓旁人說什麼。」

「不去就不去。」黃方明囑咐兒子：「好好考，再拿個第一。」

「嘻嘻！」黃大年笑著說：「第一是我的專利。」

「別漫不經心，」爸爸說著，找出一本書給大年，「抓緊時間看看。」

黃大年接過去，是一本《地質勘探手冊》。

「我翻翻，臨陣磨槍，不快也光。」

招工要考的無非是兩個方面，一個是基礎文化知識，這黃大年不怕；二是地質勘探方面的知識，雖然以前爸爸講過一些，但並沒有系統，黃大年沒把握。

於是，黃大年一吃完晚飯，就趴在床上翻開《地質勘探手冊》，很快翻完第一部份〈地質勘探基礎〉，再接著看第二部份〈地質勘探技術〉，第三部份〈地質勘探工作規程〉……東方破曉，一本手冊全看完了。

「怎麼樣？全看完了？」爸爸見兒子一夜沒闔眼，問道。

「老爸，你知道我的，」黃大年打了個哈欠說，「過目不忘。」

黃方明拿起床邊的《地質勘探手冊》說：「打有準備之仗，準贏。」

「看考試結果吧！」黃大年說著合上眼睛，嘟囔一句「我還是要睡會兒……」話音一落，鼾聲即起。

地質隊招工考試放榜——黃大年成績排在第一名。

「一個沒在地質學校上過課的年輕人，怎麼會在地質知識考試中拿滿分？」隊長要見見這個黃大年。

一個身體健壯，個子高高，眼睛炯炯有神的小伙子站在他面前。

隊長當胸給了黃大年一拳頭，高興地說：「嘿！好小伙子！你就是黃大年？」

「是！隊長。」黃大年響亮地回答。

「為什麼要幹地質？」

「我從小就聽我爸講李四光的故事……」

「你爸爸是誰？」

「黃方明。」

「哦！怪不得，原來是黃老師的兒子。」

隊長問旁邊負責人事的人員：「可不可以破格錄取為航空物探操作員？」

回答是「當然可以」。

黃大年像風一樣跑回家，衝著媽媽喊：「我被錄取啦！還是破格，航空物探操作員。」

爸爸下班回來，不等大年開口便說：「我知道了，你被破格錄用為航空物探操作員。」

「我能上飛機物探了。」黃大年眉飛色舞，「比山高的是腳，現在我說，比山高的是翅膀。」

「是啊！」爸爸靜靜地說，「翅膀使你飛得再高，可雙腳還是要穩穩地踩在地面上……」

「怎麼還是腳啊？」

「還是從『三大件』開始吧！」

黃大年低頭看看自己的腳，耳邊響起童年時和爸爸的對話——

「那有比山高的嗎？」

「腳。」

「什麼？腳？」

「等你長大了就知道了。」

……

「我長大了，知道爸爸話中的道理。是的，無論做什麼事情，都要腳踏實地、扎扎實實，從第一步做起……」黃大年思忖著，目光轉向藍天，那裏正有一隻大鷲平展著翅膀翱翔……

空中歷險

黃大年通過了一系列基礎的地質勘探鍛鍊，黃方明才讓他上飛機做航空物探。

第一次登機，黃大年走在通往機場的路上，既興奮又緊張——畢竟是頭一次坐飛機啊！

機場到了。

綠色的雙翼飛機就在眼前。

不知怎的，一首媽媽教他的兒歌縈繞在心頭——

大飛機，嗡嗡嗡。飛到西，飛到東。
不怕雨，不怕風。穿雲海，越萬嶺。
嗡嗡嗡！飛不停。隆隆隆！大雄鷹。

也怪，一首簡單的兒歌，讓他的心情很快平靜下來，靜得如同深潭碧水。

航空物探是「航空地球物理探勘」的簡稱，是指利用航空器從空中測量地球各種物理場，進行地質構造調查並尋找礦藏的飛行作業。

黃大年來到飛機前，拍拍綠色的機身，打量著這架國產的「運－五」飛機——這是從蘇聯「安－二」運輸機仿製來的。機頭上是四葉螺旋槳，兩層翅膀分上下固定在機身上。這種雙翼飛機可以在田野、道路等場地起飛和降落，滑跑距離只有一百八十公尺，還能做離地五公尺的超低空飛行，很適合航空地球物理探勘作業。

飛行員已經在機艙裏了，向黃大年招手示意。

「劉和平！」黃大年也衝著飛行員招手。

讓黃大年沒想到的是飛行員竟然是他的兒時同伴劉和平。從幼兒園到小學、中學，他和劉和平一直是同學。現在，又在一起工作，太棒啦！

「這可是一個危險的工作。」劉和平提醒黃大年，一臉嚴肅地說：「在飛機上使用儀器物探作業，磕磕碰碰是常有的事情，嚴重的會失去生命……」

黃大年聽說過，曾經有一架物探飛機撞在大山上，造成機毀人亡的事故。

「有你駕駛飛機，我放心，」黃大年說，「你可是個老飛行員了。」

劉和平說：「什麼老飛行員？我只有兩年飛行經驗。」

「兩年？不短了。」黃大年說，「你開飛機時，我還在念高中呢！」

「不管怎麼說，不要掉以輕心。」

「謹慎謹慎，再謹慎，總可以了吧！」

「這還差不多。」

黃大年登上飛機，在操作物探儀器的位置上坐好，對劉和平說：「我這兒準備好了，可以起飛了。」

轟隆隆……

發動機開始發動，螺旋槳開始旋轉，機身微微顫抖，開始前進……

飛機分為前艙、後艙，飛行員在前艙駕駛，物探操作員在後艙操作儀器。由於飛機隔音不好，前後艙相互對話，要大聲喊才能聽得清。

飛機向前滑行了一百多公尺，機頭上翹，起落架離開了跑道，機身升上天空，愈飛愈高。

「哇！」

「開始飛往勘探地域。」劉和平大聲朝後艙喊。

「準備好啦！」黃大年也大聲回應。

飛機緩緩下降。

黃大年調整好探測儀器，準備探測。

廣西大山林立，山地凹凸不平，要想取得良好的探測效果，飛機就得與地面保持固定的距離，飛行軌跡隨地形起伏，坐在上面飛越低矮的山嶺，猶如身處在大海裏搖擺顛篋的小船上。而飛機飛越高山再下降到谷地時，簡直就像在坐雲霄飛車。

劉和平所說的危險，往往出現在這個時候。

今天，劉和平小心駕駛，黃大年精心操作，完成任務，安全返航。下了飛機，黃大年緊繃的神經鬆弛下來，身子有點發軟。

「怎麼樣？」劉和平下了飛機，拍了一下黃大年的肩膀問，「不適應吧？」

黃大年說：「當然了，長這麼大，還沒坐過雲霄飛車呢！」

「今天坐了吧！」劉和平嬉笑著，「過不過癮？還沒收你的票呢！」

「去你的！」黃大年捂著肚子說：「顛得我的腸子都擰成一團了。」

兩人說笑著，搭著肩膀走出機場。

一晃兩個月過去了，黃大年與老搭檔進行了多次航空地球物理探勘，都安全無恙。

也許是因為他們開始放鬆警惕，這天出狀況了！

劉和平正常起飛，黃大年正常操作儀器探測，可就在飛機越過一座高山，保持與山體的距離向下飛行時，忽然從山谷中吹來一股強風，飛機猛地搖晃起來……

正在聚精會神看著儀表板的黃大年，身子猛地向下一傾，頭重重地撞在前面的儀器上，鮮血直流……

黃大年沒吭聲，一隻手捂著額頭，一隻手操縱儀器，等飛機降落，他胸前已是一攤鮮血。

劉和平趕忙用毛巾給黃大年包紮，然後用無線電向塔台求助。

「就磕破點皮，別興師動眾的了。」黃大年一副滿不在乎的樣子。

救護車還是鳴著笛來了，把黃大年送進醫院。黃大年的傷口被縫了好幾針。傷好後，他的額頭上留下了一道深深的傷疤。

考大學

「恢復高考啦！」

一九七七年秋天，中斷了十年的高考制度得以恢復，那些翹盼已久的莘莘學子，終於有了上大學的機會。

黃大年氣喘吁吁地跑回家，手裏揮舞著一九七七年十月二十一日的報紙，狂奔到爸爸跟前，興高采烈地說：「恢復高考了！」

他把報紙展開給爸爸看。

媽媽也湊過頭來。

黃方明看著報紙，手不禁有些發抖，喃喃地說：「終於等到了，等到了……」他炯炯的目光落在兒子大年身上，「這回你有多大的抱負，就使出多大的勁來吧！」

媽媽張瑞芳對丈夫說：「你也別閒著啊！幫兒子找找複習資料。」

「那是，那是！」黃方明連連說著，起身到他的箱子裏翻找。箱子裏只有地質方面的書籍，沒有準備高考用得上的資料。

黃大年看到爸爸著急的樣子，寬慰他說：「老爸，你別找了，考的無非是高中的文化基礎知識，我有把握。」

雖然知道兒子在高中時成績第一，黃方明還是擔心：黃大年已經工作了快兩年，以前學的知識怕是忘得差不多了。

「大年，爸爸去縣城給你找複習資料。」黃方明安慰兒子。

「謝謝爸爸，我一定好好複習。」

「可離高考就剩下三個月時間了，不抓緊，來不及。」媽媽在一旁替兒子擔憂。

「媽，你就別跟著操心了。」黃大年敲敲自己的腦袋，笑著說：「相信兒子的腦袋瓜兒吧。」

「相信，相信。」媽媽戳了下兒子的額頭，「我兒子準能考上大學。」

爸爸給黃大年找來了各種各樣的複習資料，厚厚一大疊，放在兒子床頭，還叮囑道：「關鍵是基礎知識，把公式、定律之類的基礎知識吃透。」

黃大年進入了高考複習階段。不過，工作不能停，班還得上。

在這段時間裏，黃大年沒了晝夜的概念——白天翻山越嶺忙勘探工作，晚上點燈熬油複習高中知識。

三個月，去掉白天的上班時間，其實只有三個月的夜晚時間，要把高中三年學過的知識重新梳理一遍，再牢牢刻在腦子裏，不是件容易的事。可黃大年拿出一副泰然自若的架勢，穩穩當當地看書，安安靜靜地算題，一頁一頁地背誦……

媽媽知道幫不上忙，只好一次又一次地熱飯、倒水，她常常站在黃大年身後默默注視自己的兒子，一會兒又悄悄離開。

正當黃大年集中精力備考時，忽然收到一封信，是同學何群芳寄來的。黃大年打開一看，原來是何群芳來求援的。他缺少化學、物理資料，要黃大年幫幫忙。

當時的高考錄取人數很少，很多人都不會把複習資料透露給別的考生。幫忙？談何容易！

黃大年看完信，略加思索，動筆給何群芳寫了回信，約好時間，兩人分別從家裏出發，在路上會合。

何群芳收到信，按照約定的時間騎上自行車，從北流上路。在公路的一個埡口處，他果然遇到騎著自行車顛簸了兩個多小時，從玉林如約趕來的黃大年。

「太感謝你了，大年！」何群芳下了車道謝。

「我早把重點整理完了。」黃大年拿出一個本子說，「別謝了，我給你解釋解釋重點吧！」

於是，黃大年把物理、化學的複習重點說給何群芳聽。

分手時，黃大年給了何群芳一拳，說：「你必須考上！」

「我們一起上大學。」何群芳也親切地回了黃大年一拳。

抓緊時間，兩人騎上車，趕回各自家裏繼續複習。

黃大年的好記性派上了大用場，臨考前三天才找來的兩本三百頁的政治、史地複習書，他竟然全部背完了。

時間！時間！時間！

在黃大年趕往大山深處的高考考點廣西容縣楊梅公社高中的山路上，他還在背著數學公式。

進了考場，黃大年掃視了一下屋子裏的考生。在三十多人中，十九歲的他是年齡最小的。起初，大家都很興奮，但等試卷發下來一打開，很多人都傻眼了——答不上來，只好一個接著一個離場。考到最後一科，考場裏只剩下十來個人。一位白髮蒼蒼、戴著深度眼鏡、十分清瘦的監考老師，經常走到黃大年身邊，默默地看他答完的試卷。

交卷的時間到了。收完卷子，那位監考老師走了過來，握住黃大年的手，笑容滿面地說：「小伙子，我一直在觀察你的卷子，考得好！在我眼裏，你是整個考場考得最好的考生。」

果然，黃大年以楊梅公社高中考場第一名的成績脫穎而出。

成績公佈後，黃大年特意去找到這位老師，感謝他的關心。

最終，黃大年以高出錄取分數線八十分的優異成績，考入長春地質學院，就讀於應用地球物理系，開始了他人生中最重要、最珍貴的一段時光。

國家的呼喚

一九七八年春節的鞭炮聲剛停，黃大年拿到了大學錄取通知書。

「好兒子！好兒子！」黃方明激動得聲音都顫抖了，「到了大學好好鑽研地球物理，成為李四光那樣的科學家。」

媽媽捧著錄取通知書，淚花在眸子裏閃爍。「真跟做夢似的……我兒子一邊上班，一邊複習，還考上了大學……記住你爸爸的話，做個科學家。」

一九七八年二月下旬，黃大年從廣西貴縣七里橋村出發，經過四天三夜的長途跋涉，來到了還是冰天雪地的吉林省長春市。

長春火車站。

一位個頭兒不高的老師負責接站。

「我叫王平。」接站老師自我介紹道。

「我是黃大年，從廣西來的。」黃大年跟王平老師握手。

王平老師見黃大年走路有些不對勁，便問道：

「黃大年，你是不是坐車太久，腿腳腫了？」說著擼起黃大年的褲腿。

他看到了黃大年浮腫的腿。

「我多走動走動就好了。」黃大年沒理會自己的腿，「王老師，宿舍在哪兒？」

「跟我走吧！」王平老師幫黃大年扛起行李，送到了學生宿舍。

這位王平老師成了黃大年的輔導員，多年後擔任中國國土資源部航遙中心主任。三十多年中，他們一直保持著密切聯繫。

就這樣，黃大年的求學之路開啟了，他走進了地球物理的大門。

在南方長大的黃大年，報到時只帶了些單衣，沒有棉褲，被子也很單薄，根本無法抵禦東北的嚴寒。老師們看在眼裏，為他縫製棉褲，送來棉被，讓黃大年在天寒地凍中感到了溫暖。

師生的濃濃情誼，使黃大年很快融入了新的大家庭。

讀大學期間，黃大年勤奮努力，刻苦鑽研，一九八二年本科畢業後留校任教。一年後他又考取了碩士研究生，畢業後繼續留校任教，一九九一年破格晉陞為副教授。他曾榮獲學校教學成果一等獎，研究成果還被原地質礦產部評為科技進步二等獎。

黃大年在同學毛翔南的畢業紀念本上這樣寫道：「振興中華，乃我輩之責！」抒發著他對家國的情懷。

一九九二年，黃大年得到了全國僅有的三十個公派出國名額中的一個，在「中英友好獎學金項目」的全額資助下，前往英國攻讀博士學位。

「我一定會把國外的先進技術帶回來！」黃大年對著送行的老師和同學，許下誓言。

二〇〇九年十二月，中國發佈了「千人計畫」，開始從海外引進高階人才，這是一項事關國家發展的重大舉措。

「咱們馬上回去！」黃大年堅定地對妻子張艷說。

妻子問：「為什麼這樣急？」

黃大年打開電腦，指著一封郵件說：「你看看。」

這是吉林大學地球探測科學與技術學院院長劉財發給黃大年的一封郵件，郵件裏是

「千人計畫」的有關資料。

一封郵件，讓黃大年心潮澎湃。

妻子問：「回國？我的兩家診所怎麼辦？」

「賣掉。」黃大年說得乾脆。

「唉！」妻子歎氣說，「我辛苦創業，說賣了就賣了，真拿你沒辦法……」

黃大年已經在英國奮鬥了十八年。

在這十八年裏，為了更多地汲取各類先進科學知識和應用技能，黃大年每天只睡三四個小時，爭分奪秒地學習學習再學習，鑽研鑽研再鑽研……

有汗水，就有收穫。

黃大年在英國擁有了優越的研究條件和高效率的研究團隊。

他在英國劍橋 ARKeX 航空地球物理公司擔任高級研究員十二年，擔任過研發部主任、博士生導師。他帶領的由牛津大學和劍橋大學優秀畢業生組成的團隊，長期從事海洋和航空快速移動平台高精度地球重力和磁力場探測技術工作，致力於將這項高效率探測技術應用於海陸大面積油氣和礦產資源勘探領域。由他主持研發的許多成果都處於世界領先地位，多數產品已應用於中西方多家石油公司，他自己也成了航空地球物理研究領域享譽世界的科學家，成為該領域的「被追趕者」。

黃大年毅然決定回國服務。

二〇〇九年十二月二十四日，黃大年教授走下歸國的飛機，踏上祖國的土地。他辭去了在英國公司的要職，謝絕了同事們的挽留，含淚告別了共事多年的夥伴。他的妻子選擇了支持丈夫，賣掉了經營多年的兩家診所，留下了還在讀書的女兒……

回到母校六天後，黃大年與吉林大學正式簽定合約，出任吉林大學地球探測科學與技術學院全職教授，開始為中國的航空地球物理事業耕耘播種。

無人機

黃大年從小就跟著地質隊四處輾轉，不停地搬家、轉學，對地質勘探熟悉得跟自己的手指頭一樣。地質隊員要靠雙腳在野外作業。爬山越嶺，風餐露宿，還要忍受雨澆日曬、蚊蟲叮咬、毒蛇偷襲……艱苦、危險、勞累跟黏在身上的衣服似的，脫也脫不掉。

黃大年上飛機做航空地球物理探勘之前，父親黃方明要求他先通過一系列基礎的地質勘探訓練。黃大年理解爸爸的用心，先幹地面勘探，吃點苦，歷練歷練，是對他「殘酷的愛」。因此，黃大年曾背上帆布工具袋，帶上羅盤、工具錘、放大鏡「三大件」，走進六萬大山。

那時，黃大年身上的背袋裏，每天都要裝著沉重的石頭——礦石樣品，走路爬山，還要帶上鹹菜和飯。夏天酷熱，他天天中午吃的都是餿飯。

雖然很苦，可他還是苦活累活搶在前。坑探工程無役不與，從探槽淺井到試坑，測量岩石方位，看山脈走向，觀察石頭斜度，黃大年工作起來就像數自己的手紋一樣細緻。他將每平方公里的勘探地劃成「豆腐塊」，十平方公尺一大塊，五平方公尺一小塊，再分成更小的格子，一個格子一個格子的找礦。扛著沉重的磁秤儀跋山涉水，雖然總是累得氣喘吁吁，可黃大年還是嚴格依規勘探，每天一百二十個測點，隨山過山，隨水過水，絕不繞行。記錄好每一個數據後，他還要分析地質，計算參數，工工整整地填在表格裏。

再苦再累也壓不垮黃大年和地質隊員們的樂觀精神，山谷裏總是迴盪著〈勘探隊員之歌〉——

是那山谷的風，吹動了我們的紅旗。
是那狂暴的雨，洗刷了我們的帳篷。
我們有火焰般的熱情，戰勝了一切疲勞和寒冷。
背起了我們的行裝，攀上了層層的山峰。
我們滿懷無限的希望，為祖國尋找出富饒的礦藏。
是那天上的星，為我們點燃了明燈。
是那林中的鳥，向我們報告了黎明……

歌聲漸漸消逝，回到母校的黃大年看著「三大件」發呆——地質隊員的勘探工作太艱苦、太原始了。如果有一種像給骨骼拍片子的X光機那樣的儀器，簡單一照，就能把地球看個透，不用再爬山越嶺，一寸一寸地測量，那該多好啊！

一個童話般的想法在黃大年腦子裏漸漸形成——給地球做電腦斷層掃描，透過移動探測技術，快速掃描地下或者水下區域，無論是礦藏還是水下目標，都逃不過這隻「法眼」。

但是，航空地球物理探勘黃大年幹過，坐在飛機上進行探勘，風險很大，特別是在高山、丘陵、沼澤等複雜地形環境裏，有些地質隊員因此遭遇了不幸，而且在飛機上物探的效率和效果也不是很好。

如果研製無人機進行航空重力探測，就可以測量出不同地區的重力效應變化，繪製出地下密度分佈圖，能夠很容易探測出地下空洞、非金屬礦藏。這個研究成果既可以應用到石油、礦產資源勘探等民用領域，也可以應用到地下防空洞探測、水下目標探測等軍事領域。

於是，黃大年堅定了方向，回到母校的第一個研究項目就是無人機。無人機物探一旦實現，很快就可以建立起海陸空三維立體移動探測平台，海上有無人船，陸地有無人車，空中有無人機。

「我能修車，會拉琴，就能造無人機。」對無人機瞭解很少的黃大年，在這個領域幾乎是從零做起，可他總是樂觀面對。

有了積極的態度，下一步就得動起腦，邁開腿，真正做起來。

「沒樣機……我們怎麼開始啊？」學生張代磊為難地看著黃老師。

「這好辦，」黃大年衝著張代磊眨了下眼，一副神祕的表情，「商店裏有……」

張代磊有點發蒙：「那是玩具。」

「玩具？」黃大年認真了，「愛迪生的很多發明，不就是從遊戲中得來的嗎？」

之後，一連幾個月，黃大年的身影經常在無人機模型店裏出現。他看看這架，再摸摸那架，上看下看，左瞧右瞧，引起了銷售員的注意。

「先生，您要選哪一款？」銷售員過來問黃大年。不等黃大年回答，銷售員便機關槍似的說起來：「我會為您介紹——這一款，是美國四軸無線遙控，能航拍，航程遠。

這一款，智想牌的四軸遙控，耐摔，航程遠。這一款，是瑞克牌的多軸無線遙控……」

「我……我……先看看，看看。」黃大年支支吾吾。

第二天，銷售員見說「看看」的那個人又來了，還是左看右看，就是不買。到關店時間了。

銷售員到黃大年面前問：「先生，你已經看了這麼多天了，還是給孩子買一架吧！」

被逼得沒辦法，黃大年最後只好自己掏錢，把模型抱回辦公室。

隔天，學生們來到黃老師的辦公室，怔住了，辦公桌上擺滿了大大小小的零件。

周帥叫了起來：「黃老師怎麼把無人機給拆了？」

「你不懂了吧？」袁志毅說，「想想大發明家愛迪生，不是把鬧鐘給拆了，才研究出鐵路信號燈自動報時器的嗎？」

張代磊拿起一個零件琢磨：「黃老師要研製自己的無人機。」

「你們說得對。」正當博士生們議論的時候，黃大年走進來了，「我們要研製出中國自己的物探無人機。有了無人機航空地球物理探勘，就可以一邊幹活兒，一邊坐在機場喝咖啡，等咖啡喝完了，活兒也幹完了！」

學生們默默點頭。

黃大年接著說：「但前提是安全可靠的無人機平台和高精度探測儀器的完美結合。」

張代磊問：「老師，使用無人機進行物探是個很複雜的工程吧？」

「是的，」黃大年說，「不是把儀器掛到飛機上就算完事。搭載方式、搭載位置都要瞭解，還要懂通信控制，懂測量質量監控，才能高效完成工作。你願意做這個研究嗎？」

「當然願意。」張代磊回答道。

黃大年說：「好！那我就請一位澳大利亞老師，你跟他好好學學通信和中繼。」

「謝謝老師！」張代磊表決心，「黃老師放心，我一定能學好。」

周帥擠到黃大年面前問：「那我呢？」

黃大年說：「你不是拿不準博士階段研究什麼嗎？」

周帥拿著無人機螺旋槳說：「我覺得自己動手能力強，對無人機挺感興趣，想要在這方面下下工夫。」

「太好啦！」黃大年拍了下周帥的肩膀說，「興趣是走向成功的開始。既然你對無人機感興趣，讀博階段就研究無人機。」

黃大年說做就做，立即給周帥買了航空模型，送他去培訓，還出資上萬元幫他考取無人機駕駛員執照。

成為持有執照的無人機駕駛員，周帥高興壞了。

從此，黃大年團隊在無人機領域進行研發，幾年時間就攻破了一個又一個難關，取得了一個又一個世界領先的成果。為了研究成果更好地向產品轉化，二〇一六年，他們在寧波餘姚成立了寧波翔羽無人機科技有限公司，大力推廣無人化地球物理探測技術。在此基礎上還成立了「大年科技」，黃大年親自培養的地球物理專業博士生、碩士生和一批國內頂尖航空院校畢業的研發人員，組成了研發團隊。他們成功研製了重載荷物探專用無人直升機工程原型機，開發了重載荷無人機物探應用技術，不僅提高了中國物探無人機自主研發的能力，還填補了中國國內無人機大面積探測、地球深部探測等方面的技術空白。

在黃大年的組織下，無人直升機、無人固定翼飛機和無人飛艇，都成功地加入了中國航空地球物理探勘的團隊。

這天，晴空萬里，天藍得透亮。「大年科技・海東青」無人機搭載多參數環境監測設備，按計畫起飛，對浙江某化工廠做安全環境場景巡查。無人機對現場進行實時監測，對該化工廠的常規監測數據進行補充，溫度、溼度、臭氧、揮發性有機化合物等參數實時顯示在操作平台螢幕上。

「成功啦！成功啦！」

人們歡呼起來。

黃大年望著在天空飛行的無人機，冷靜地說：「這僅僅是開始……『大年科技』最擅長的是什麼？是我們身上的監測因子、探測基因。但僅有這些是不夠的，對無人機行業來說，我們可能是一名新兵，對前沿大數據系統來說，我們還需要深耕。」

嗡嗡嗡……

無人機愈飛愈高，愈飛愈高，消失在了陽光中……

擋下推土機

「不好啦！不好啦！」

幾個研究生跑進黃大年的辦公室，大聲叫嚷。

正在電腦前做數據的黃大年一驚，抬起頭問：「什麼不好了？大呼小叫的。」

周帥指著外面說：「推土機來啦！」

「是啊！還有大卡車。」張代磊補充。

袁志毅漲紅了臉，說：「還來了好多工人。」

「怎麼回事？」黃大年站起來朝外面看了一眼，「工人？」

周帥像犯了錯誤的小學生，低頭咕噥著：「都怪我……看到了咱們無人機機庫上貼的紙條，沒來得及跟您說……」

黃大年追問：「什麼紙條？」

周帥說：「是拆除違章建築的通知單。」

「哦！」黃大年這才明白，原來是城市管理部門來拆他剛剛建起來的無人機機庫啊！「我們的機庫建在校園裏，城市管理部門的工作人員怎麼這麼快就知道了？」袁志毅提出疑問。

張代磊猜測：「肯定有人通風報信。」

周帥憤憤不平地說：「這個人是誰？」

黃大年雙手往下壓壓，說：「你們都別激動，也不要胡亂猜測，我們早就給學校打了報告了，學校也批准了……」

為了加快研發無人機的進度，黃大年提出「從移動平台、探測設備兩條路線加速推進」，向吉林大學申請以「紅藍軍對陣的思路」，對照國外先進設備水準自主研發裝備，創設「移動平台探測技術中心」，啟動「重載荷智能化物探專用無人直升機研製」計畫。

要研究，要實驗，沒有無人機機庫怎麼行？總不能把無人機放在辦公室、教室、寢室裏吧！

飛機就應該有機庫來存放，零散地放在各處，太不安全了。

可是機庫建在哪兒呢？

黃大年在校園裏轉了好幾圈，都沒發現合適的地方。

建在校外是不可能的，距離遠不說，也無法安排專人看守。

這天，黃大年站在地質宮五樓窗前，向外瞭望，眼前豁然一亮——哈！一塊空地！真是「燈下黑」，可以建機庫的地方不就在眼皮底下嗎？

他趕忙下樓，跑出地質宮，繞著那塊空地兜了好幾圈，站定了，手往下一指，對自己說：「就這兒了。」

張代磊來了，問：「黃老師，這兒怎麼了？」

黃大年轉著身子畫了一圈：「不明白？」

張代磊搖頭說：「不明白。」

「機庫啊！」

「哪兒呢？」

「就在這兒建。」

「那我馬上去找同學們。」

張代磊說著跑開了。

黃大年回到辦公室，給學校寫申請建無人機機庫的報告。文字部份寫完後，後面還附了張建築位置圖。

學校很快批准了，基建處還調撥了木桿、鐵絲、油氈紙等建材。黃大年見了，高興得直搓手。

馬上開工！

黃大年立馬帶領他的團隊在吉林大學地質宮樓門前空地上忙起來了。

大家忙活了小半年，一個簡易的機庫竣工了。

可誰也沒料到，機庫建成的第二天，就被貼上了一張限期拆除的通知單。

轟隆隆——

推土機轟鳴著向機庫逼近。

「馬上阻止他們！」

有了老師發話，學生們咚咚咚跑下樓，擁到機庫前。

「哪個是負責人？」有人衝著黃大年他們喊。

黃大年上前一步：「我。」

「你是誰？」

「黃大年。」

張代磊站到老師身前說：「黃教授是我們主任。」

「什麼主任？」那人上上下下打量了一番黃大年，「主任多大的官？」他指著機庫說，「這是違章建築，必須拆除！」

黃大年放緩語氣說：「聽我說，我們建的是無人機機庫，是用來做研究的。我已經給學校打了報告，也批了……」

「你們學校批不管用，程序不對。」那人不依不饒，嚴厲地說，「違章建築，必須得拆！拆！」

他一揮手，推土機便轟鳴著，徐徐向前。

「別別！」黃大年張開雙臂，攔在推土機前，「我們馬上補辦手續，行不行？」

「補手續？」那人很執著，「先拆，後辦手續。」

周帥擠過來說：「那我們不是白建了嗎？」

「拆！」

「不能拆啊！」黃大年急了，大聲喊著跑到推土機前，直挺挺地往地上一躺。

在場的人都驚呆了，黃教授可是一位國際頂尖的科學家呀！

那人嚇到了，舉起手朝推土機揮揮。

推土機向後倒去……

擋推土機事件，一下子在學校炸開了。

「黃大年就是個科研瘋子。」

黃大年嘿嘿笑笑，說：「也怪我不懂建設審批的流程……中國要由大國變成強國，需要有一幫『科研瘋子』。我們雖然努力了，但還不夠。我是活一天賺一天，哪天倒下，就地掩埋！」

較真兒

黃大年一想起來「機庫事件」就覺得好笑，童年少年時代的那股犟勁，怎麼說上來就上來了？真是像俗話說的，「江山易改，稟性難移」。

地質宮裏，他踱著步，兀自搖頭，呵呵地嘲笑自己。

他默默地思忖，真正的核心技術是買不來的。

中國拿到了世界新一輪科技競賽的入場券，必須牢牢抓住這個「彎道超車」的機遇。

怎麼抓？用待遇，用地位，還是用別的東西來吸引更多研究人才加入他的團隊？

用心。用一顆赤誠的心。

在黃大年的感召下，人工智能專家王獻昌、汽車工程專家馬芳武、智慧海洋專家崔軍紅等，一大批在海外享有較高知名度的專家，紛紛回到中國。

從回國的那一刻起，黃大年的人格力量和崇高的科學精神，形成了強大的「磁場」，吸引了四百多位來自各地高校和科學研究院所的優秀科技人員加入他的研發團隊，共同開展「高精度航空重力測量技術」和「深部探測關鍵儀器裝備研製與實驗」兩個重大項目的研究，總的資金投入達到五億多元人民幣。

這兩個項目，前者就像給飛機、艦船、衛星等移動平台安裝「千里眼」，讓它們能看穿地下深埋的礦藏和潛伏的目標；後者是自主研發給地球做「電腦斷層掃描」、做「核磁共振」的儀器裝備，讓地下兩千公尺甚至更深部位變得「透明」。

這是多麼高瞻遠矚的戰略眼光啊！

「黃老師，難怪有人說，當很多人還在『2.0時代』徘徊的時候，老師您已站在『4.0時代』了。」黃大年的研究助手于平笑著說：「我這可不是吹捧啊！」

黃大年也笑著敲敲自己的腦殼說：「我這顆『ＣＰＵ』要不即時更新，怎麼能跟上突飛猛進的時代呀？」

于平望著地質宮窗外的綠草坪說：「與時俱進，首先是思想！」

黃大年說：「我一直把李四光、鄧稼先等老一輩留學報國的科學家作為自己學習的榜樣。有好多同人為了國家的科學事業倒下了，但這並不能阻擋後來者前進的決心！看著中國由大國向強國邁進，一切付出，哪怕是生命都是值得的。」

「老師，有人說你的性格是『冰火兩重天』。」于平說，「說你……」

「你說吧！」

于平說：「說你對志向相投的人，是火；對那些揣著私利的人，是冰。」

「但願火能把冰融化……」黃大年長長呼出一口氣。

于平清楚，論人脈，黃大年在中國國土資源部、科技部、教育部、中國科學院等很多部門院校裏，都有和他很熟的專家。可他是追求「純粹、完美」的知識份子，對待科學研究，他「沒有敵人，也沒有朋友，只有國家利益」。

「和真誠樸實的人在一起，思想會愈來愈單純。」于平看著黃大年說。

「與學術一樣，思想不得有一點兒汙垢。」黃大年望著窗外的悠悠白雲，「我黃大年對待科學，不唯上，不唯權，不唯情，不唯關係，不允許你好我好大家好。一團和氣搞不了研究，在原則問題上必須較真兒。」

「深部探測技術與實驗研究」項目，是中國有史以來規模最大的深部探測項目。黃大年任該項目第九分項的首席專家，成為這個龐大項目的奠基人之一。

第九項目經費高達數億元人民幣，誰看著不眼熱？很多機構和單位都想參與進來。組建研究團隊時，黃大年的視線沒有局限在自己的學校，而是放眼全國，尋找最適合的研究合作單位。

怎樣尋找？

黃大年往往來個「突然襲擊」，不提前通知，直接飛到目標院所的實驗室和工廠，悄悄摸清對方的資質和水準。

一旦選到合適的研究合作單位，黃大年直接給對方負責人打電話：「喂！我是黃大年。先跟你說，我有一個幾億元的研究項目，想請貴單位參與進來。」

「什麼？幾個億？」聽筒那邊一聽就蒙了，可馬上就會冷靜下來，「誰會打一個電話來就又給錢又給項目的？騙子！」

黃大年笑了，說：「我馬上過去，讓你看看送上門的騙子。」

對方的主管還是不信：「真的？」

「如假包換。」黃大年哈哈大笑。

對方也笑了起來。

黃大年辦公室門外傳來敲門聲。

進來的是熟人，跟他關係不錯的一個專家。

「老范，請坐請坐。」

來客坐在沙發裏，黃大年遞上一杯白開水。

老范接過水杯，打趣說：「呵呵！這真是君子之交淡如水啊！」

黃大年也打趣：「清水清水，清清亮亮，一眼看到底。老范，你來找我是……」

「你手裏有著幾個億，我推薦個不錯的研究機構，」老范試探著說，「看能不能也參與你的項目。」

「紅燈了！」黃大年做了個停的手勢，「研究經費的事，免談。」

老范搖著頭說：「你呀！你呀！還是這個脾氣……」原想憑著老面子來黃大年這兒爭取一些經費，可一開口就被直接拒絕了，老范坐在那裏很尷尬。

「老范，跟你說吧，就連吉林大學也沒有多拿一分錢。」黃大年說的是實話。

吉林大學某學院一位領導，對黃大年的做法很不理解，問他：「學校、學院年底都有考核，在項目和經費分配上，你給吉林大學做了什麼，給學院又做了什麼？請黃教授考慮考慮。」

黃大年聽了，心裏很不好受：「我的大領導啊，我這是為國家做事。你說是國家大呀，還是學校大？」

領導沉吟了好一會兒，說：「你這人，太較真兒了。」

「不較真兒不行啊！」黃大年講道理，「我不把研究經費抓緊嘍，哪怕手鬆一點點，經費很快就沒了。呵呵！領導，我沒得罪你吧？」

「哈哈！」領導笑著說：「都是工作，怎麼能談得上得罪呢！」說不得罪人，黃大年嚴格把關，不念情面，怎麼會不得罪人？

研發項目需要採購大量的設備，以前，有人採取回扣、變通等手段從中謀取私利。黃大年想辦法堵住漏洞，嚴把採購關。他要求各個項目參與組提前做好市場調查，貨比三家後，遞交調查報告、簡報演示和演講材料，集體論證後方能採購。

他的「嚴」近乎苛刻，哪怕在夜裏一點發現匯報資料上有一個錯別字，也會帶著團隊重新修改，打印校對，一直忙到晨光透過地質宮的窗戶。

漏洞來自疏於管理。黃大年就借鑑歐美大公司的管理經驗，層層落實責任。他從國外引入一套線上管理系統，把技術任務分解到每月、每週、每天・每天晚上，打開程式一查，誰偷懶，誰勤奮，一目了然。

「科學家怎麼能像機器人一樣，嚴格按程序走呢？」有人發出這樣的不滿。

黃大年說：「快些！快些！再快些！才能追趕上歐美尖端科技的發展步伐。是的，我有的時候急躁，發脾氣，就是無法忍受有人隨意拖延研究進度，這樣搞下去，中國趕不上人家強國的。」

二〇一〇年春天的一天，地質宮前的草坪已經泛綠，金翅雀在草坪上蹦蹦跳跳地啄食，一隻松鼠也在連跑帶跳地覓食。悠揚的歌聲從揚聲器裏傳出來——

我們在回憶，說著那冬天，
在冬天的山巔，露出春的生機，
我們的故事，說著那春天，
在春天的好時光，留在我們心裏……

黃大年聽著美妙的歌聲，心情很好。

這天早上，又是例行的提交項目資料、召開視頻例會的時間。

黃大年早已打開了電腦，隨時準備開會。他掃視一下會場，問于平：「小于，怎麼人還沒到齊？」

「黃老師，我一直在催，可……」于平看了眼手錶，九點五十分了，離開會還有十分鐘，人沒到全，材料也沒交齊。

「拖拖拉拉，不負責任！」黃大年氣極了，忽地站起來，猛地把手機砸向地面。砰！

手機螢幕碎裂，碎片飛散一地。

在場的人驚呆了——黃老師從來沒有發過這麼大的脾氣。

「我們拿了國家這麼多研究經費，怎麼能糊弄呢？匯報資料不好好做，開會不按時到，契約精神哪裏去了？」黃大年拍著桌子吼。

于平把螢幕破碎的手機拾起來，輕輕地放在老師的辦公桌上。

會議室的門輕輕地打開了……

趕飛機

為了「高精度航空重力測量技術」和「深部探測關鍵儀器裝備研製與實驗」兩個重大項目儘快突破，黃大年在跟時間賽跑，哪怕只是一點點時間，也要擠出來放在項目上。

劉國秋是一位出租車司機。

「是那山谷的風，吹動了我們的紅旗……」

劉國秋一聽手機鈴聲，就知道是誰打來的。這原本是他的老主顧黃大年愛用的手機鈴聲，他也要來作為黃大年的專屬鈴聲。

「喂！黃老師，是不是又要送你到機場？」劉國秋問。

電話那邊傳來急促的聲音：「快來接我到機場，晚上十點鐘起飛，快點啊！」

劉國秋看了眼手機上的時間，晚上九點零二分，離飛機起飛不到一個小時，太緊了。

於是，他馬上掉頭，駛向吉林大學。

夜幕中，黃大年早已經等在校門口。

黃大年一上車，汽車馬上奔向機場。

黃大年飛走了，留下話來：「明早七點的班機，再來這裏接我。」

這可苦了劉國秋。他回到家都後半夜了，剛睡了會兒就又要接早班飛機。

手機鬧鈴嘟嘟地響起來，叫醒了劉國秋。

他簡單收拾一下，趕緊出車，駛往機場……

接上黃大年，劉國秋嘟囔著：「啥事這麼急？搞得我連覺都睡不好。」

劉國秋抱怨著，黃大年說：「我為國家做事的，你為我服務，也是為國家服務啊！」

那時候，劉國秋還不知道黃大年的工作，心裏還是在嘀咕：你誰啊？跟我說這大話。

「你以為我話說大了？」黃大年看出劉國秋的心思，「我們睡不好覺，就是為了讓祖國能睡好覺。劉師傅，你就辛苦點吧！」

劉國秋從後視鏡裏看到黃大年疲憊憔悴的面容，勸了幾句：「人不睡覺可不行啊！黃老師你這麼幹，身體受得了嗎？」

「你看！」黃大年昂起頭說：「我壯得跟水牛似的，沒事。」

劉國秋笑了：「水牛？那是南方耕地用的，你耕什麼呀？」

「我耕的是祖國、世界、地球……」黃大年說著說著，竟然打起了鼾。

「唉！」劉國秋歎了口氣。

黃大年其實把劉師傅的辛苦也看在眼裏，知道沒日沒夜跑機場的辛苦，可是怎麼辦好呢？

「這好辦。」祕書王郁涵給黃大年出主意，「把劉師傅調到咱們學校，問題不就解決了嗎？」

很快，劉國秋成了吉林大學地質勘探卡車駕駛員，同時還要負責學院教職工的公務出行。

他一上卡車就傻眼了——車裏擺放的盡是電腦和精密儀器，這些東西是幹什麼的，他一點兒都不知道。他倒是知道了這裏的「頭兒」就是以前總叫他的車趕飛機的那個黃老師。

劉國秋還知道了黃老師說的「關乎國家利益的大事」是什麼事。想起黃大年急匆匆趕飛機的情景，劉國秋打心眼裏敬佩黃老師。

還是與往常一樣，黃大年外出，總是掐著點兒下樓，急匆匆上車。

「劉師傅辛苦了，讓你久等了，對不起。」上了車，黃大年總是先給劉國秋道歉。

劉國秋看看手機說：「時間是有點緊……」

「能不能趕上這趟飛機？不行的話咱們就坐下一趟航班。」黃大年叮囑著，「別開太快了，注意安全。」

劉國秋心裏清楚，其實這就是最後一趟航班，儘管聽到黃大年說「別太快了」，可他還是加大油門，儘可能趕上班機。

還好，沒有耽誤登機。

劉國秋望著航站樓，鬆了口氣，此時手機響了。

不用說，黃大年打來的。

「劉師傅，我已經通過安檢了，放心吧！」

劉國秋聽了，心裏暖呼呼的。雖然每次黃大年都會這樣打電話讓他安心，可每一次都會讓他感動。

一天夜裏，劉國秋又接黃大年趕飛機，時間已經很緊了，怕是趕不上了。

黃大年拎著公事包從樓裏奔出來——

劉國秋見他腳步踉踉蹌蹌，身子搖搖晃晃，覺得不對勁：「黃老師，你……」

黃大年的身子直直地倒向劉國秋，劉師傅趕忙扶住他。

「黃老師！黃老師！」劉國秋叫著黃大年。

「沒事沒事，」黃大年清醒過來，「快上車，快開！」

劉國秋勸他：「你都這樣了，就別去機場了，先去醫院吧！」

黃大年急了：「不行！我只是這兩天太累了，睡一覺就好了。明天還有兩個會，我必須到會。」

「唉！」劉國秋無奈地搖頭，只好把黃大年送到了機場。可他心裏一直牽掛著黃大年，還把黃大年暈倒的事對祕書王郁涵說了。

王郁涵也沒辦法，說：「黃老師為了項目能拚命，誰說也不頂用！」

黃大年第二次暈倒是在幾天之後——黃大年走到車前，剛打開車門，身子一軟，癱在地上，暈了過去。

劉國秋慌了，連聲呼喚：「黃老師，黃老師……」

過了會兒，黃大年醒過來，抓住劉國秋正在打急救電話的手說：「我沒事，歇一會兒就好了。咱們趕緊去機場，不能耽誤。」

「還是先去醫院吧！」

「我讓你開車就開車！」

「出了事可咋辦……」

「上回不也暈過嗎？沒事。」

劉國秋拿黃大年沒辦法，只好含淚開動車子……

從項目立項那天起，黃大年每天工作到半夜一兩點鐘，還時常要趕飛機。

辦公室的門開了，王郁涵進來問：「您這次出差訂哪趟航班？」

「今晚最後一班。」黃大年總是這樣吩咐。

吃飯

黃大年是個愛吃的人，也是個會生活的人。在英國留學的時候，他在家辦派對，做烤肉，把豬排烤得皮脆肉嫩。擺盤也很講究，總是把做好的菜餚擺成美麗的造型，然後才端上來。朋友們吃著冒著熱氣的香噴噴的烤豬排，一個勁兒稱讚。

「盡情品嘗，下週還有。」看著朋友們大快朵頤，黃大年十分得意。

黃大年懂吃，會吃，愛吃，被朋友們稱為「美食家」。

可黃大年回國後，吃飯變得很不正常，不是匆匆吃上幾口，就是乾脆把吃飯的事拋在腦後。

黃大年又是一上午沒吃飯了。俗話說：人是鐵，飯是鋼，一頓不吃餓得慌。難道黃大年不餓嗎？

助手于平幾次把飯菜端到辦公室，可每次都看見黃老師在辦公桌上埋著頭，全神貫注地盯著電腦。黃老師肯定是在思考某個研究關鍵環節，如果打斷了他的思路，黃老師一定會生氣……

過了許久，黃大年才抬起頭。

「黃老師，吃飯吧！」于平把飯菜推到黃大年眼前。

「好吧！」黃大年拿起筷子，一陣狼吞虎嚥，飯菜轉眼間「光盤」了。

「別再打擾我了。」

于平收拾起碗筷，嘟囔著：「餓一頓，飽一頓的……」

「一頓頂兩頓。晚飯幫我放門口地上就行，不用浪費時間等我。」黃大年衝著于平的背影說著，又埋頭敲擊鍵盤。

晚飯時，于平拿著裝著飯菜的飯盒來到黃大年辦公室門口，抬手敲門，喊了聲：「黃老師，吃晚飯了。」

「放門口吧。」裏面應了一聲。

于平只好將飯盒放下，轉身離開。

兩小時後，于平回到黃大年辦公室門前，發現飯盒紋絲未動。她拿起飯盒，正要敲門，門卻吱呀一聲開了。

黃大年瞥了眼于平手中的飯盒，說：「來不及了，我得趕飛機。」

「又餓著肚子出差啊！」于平把飯盒放在辦公桌上，拉住黃大年說，「黃老師，快吃一口再走吧！」

「我收拾一下東西，你幫我通知一下劉師傅。」黃大年催促助手，「一會兒出校門口時，我在路邊買幾個烤玉米吃就行。」

于平提醒他：「黃老師，你不能總拿烤玉米對付啊，這樣下去，身體會受不了的。」

「烤玉米又好吃，又有營養。」黃大年拿起筆記型電腦說：「等忙完這陣子，我請大家吃大餐。」

沒辦法，于平只好去安排車子。

這天，黃大年要趕往成都參加第二天一個重要的會議。

飛機起飛了。

黃大年頭靠在椅背上，微微闔上眼睛，不一會兒就進入了夢鄉……

那是端午節放假前一天，核心團隊成員焦健的老家寄來了粽子。

焦健把粽子放在辦公桌上，說：「黃老師，嘗嘗我們老家寄來的粽子吧。」

「好哇！」黃大年拿起一個粽子，衝著學生們喊，「來呀！我們一塊品嘗。」

焦健說：「我去熱粽子。」

周帥說：「我幫你。」

不一會兒，粽子熱好了。

「黃老師，快來吃呀！」焦健催著黃老師。

「等一會兒……」黃大年已經在埋頭工作了。

張代磊過來催：「快去吃吧！涼了就不好吃了。」

黃大年這才放下手中的工作，離開辦公桌。

大家吃著粽子，有說有笑，真開心。黃老師經常沒時間吃飯，喝點咖啡墊一墊就去開會了。

今天，老師有時間和大家吃粽子了，而且吃得那麼香。

吃完了粽子，黃大年對學生們發出邀請：「明天放假休息，你們都到我家去，我給你們做油燜大蝦。」

「嗷！嗷！」學生們歡呼。

……

黃大年繫上圍裙下廚房，刺啦啦一陣忙活，香噴噴的油燜大蝦端上了桌子。

周帥抽抽鼻子說：「好香啊！」

「沒吃就流口水了。」焦健咂著嘴。

「快吃吧。」黃大年解下圍裙，坐到餐桌旁。

他最開心的是看著學生們品嘗自己的手藝。

「黃老師，你也來吃啊！」

「不快點，都讓我們給吃光了。」

「來，喝喝老師做的海帶湯。」

大家邊吃邊聊，高興極了。黃大年接過學生的話茬說：「吃東西可以湯湯水水，但做事千萬不能湯湯水水，唯有認真對待每一個細節，才能成就最好的結果。」

吼！老師從喝湯還能引出這樣的哲言！

張代磊停下筷子說：「老師，您的話我們記住了，以後做事一定實實在在，認認真真，絕不馬虎。」

周帥也說：「老師您就是我們的榜樣，我們什麼都向您學。不過……」

「不過什麼？」

「吃飯就是一個細節。」

「哦！我很會吃呀！」

「可你總是……」

黃大年吧嗒著嘴，夢的誘惑讓他的肚子叫了起來。

黃大年醒了。

他揉揉眼睛，望望舷窗外漆黑的天空。

空空的肚子咕咕叫個不停。

這班飛機沒有早餐供應。

他叫來空姐，要了一瓶可樂，咕嘟咕嘟一口氣喝了下去。

肚子漸漸不叫了。

「請各位旅客繫好安全帶，飛機就要降落了。」

黃大年正要繫上安全帶，胃突然疼痛起來，像是有一隻手在猛捶猛揉……他忍著疼痛，心裏默念著：「堅持！堅持！堅持！飛機就要降落了……」

他本想堅持到成都機場，可是就在臨近降落時，身子向旁邊一歪，暈了過去。

「有人暈倒了！」

航班上的機組人員急得團團轉。

飛機一落地，黃大年立即被送進成都第七人民醫院急診室。

醫生見他懷裏抱著筆記型電腦，想抽出來，他卻抱得死死的。

「我的電腦呢？」黃大年醒來第一件事，就是找自己的電腦。

醫生把筆記型電腦包拿來，對黃大年說：「你抱著它，我們沒法檢查呀！」

黃大年見著了電腦包，長舒一口氣：「裏面的研究資料太重要了。」

在他心中，項目比命還重要。

醫生問過黃大年，才知道他一天沒吃飯，只喝了一瓶冰鎮可樂。

可樂這種飲料能加速人體的新陳代謝，改善人體的精神狀態和體能，從而消除疲勞，但可樂中的咖啡因會刺激胃黏膜，促進胃酸分泌。胃裏沒食物，人哪受得了可樂的折騰啊！

天一亮，黃大年就從病床上爬起來。護士勸他做進一步檢查。黃大年背起電腦包，對護士說：「今天這個會十分重要，我必須去。開完會就來檢查。」

護士留不住他，只能不住地提醒：「一定要儘快做個全面檢查。還有，要按時進餐。」

「記住了！謝謝！」黃大年答應了一聲，快步向門口走去。

平安夜

「我的生命是爸爸媽媽給的，可我要把生命獻給祖國母親。」

黃大年這樣說，也是這樣做的。

你看，他工作了一整夜，困倦得眼皮直打架，卻只用涼水洗洗臉，就匆匆趕到無人機測試現場，確認一切都安排妥當了，才在無人機的轟鳴聲中，躲到工作車裏，蜷曲著身子打個盹兒。

這就是黃大年不出差時的日常。

為了準備項目驗收會，黃大年已經連著熬了三個晚上，頭昏腦脹，耳朵嗡嗡作響。辦公室門外，早來上班的祕書王郁涵剛要敲門，隱約聽到裏面傳來撲通一聲。她急忙推門進去，發現黃大年昏倒在地上。

「黃老師！你怎麼啦？」王郁涵呼喚著。

黃大年睜開眼，有氣無力地說：「小王，千萬不要跟別人說。」

王郁涵扶起黃大年說：「老師，你暈倒好幾次了，不跟別人說，可也得到醫院看看呀！」

黃大年擺擺手：「現在正是項目驗收的關鍵時刻，我不能躺在醫院裏，不能……」

「這可怎麼辦啊？」王郁涵無可奈何地搖頭。

第二天，黃大年像沒事人似的飛到北京開會。臨進場，他掏出一瓶速效救心丸，往嘴裏塞了一把，一邊嚼著，一邊進了會場。在台上，他講解著項目情況，精神抖擻，聲音洪亮，大家都被他精彩的講演給吸引了。幾乎沒有人注意到黃大年身上散發的速效救心丸的冰片味。

就是這一天，二〇一六年六月二十八日，在中國地質科學院地球深部探測中心，黃大年作為首席科學家主持的「地球深部探測關鍵儀器裝備項目」通過了評審驗收。專家組一致認為，項目總體達到國際領先水準！

這表明，作為精確探測地球深部的高端技術裝備，航空移動平台探測技術裝備用五年時間，走完了西方發達國家二十多年的路程。

中國進入「深地時代」！

王郁涵看勸說不管用，只好向校黨委匯報。

黃大年開完會回到長春，校黨委強制他做身體檢查。

「我不讓你說，你怎麼……」黃大年到了醫院，還在責備王郁涵。

躲是躲不掉了，黃大年只好配合醫生做全面檢查。

檢查結果要兩天後才能出來。

閒待兩天，黃大年覺得是在折磨他。

他趁機又去了趟北京，等他回來，檢查結果出來了——

膽管癌！

腫瘤已擴散到胃和肝。

如果是別人聽到這個結果，那就是晴天霹靂，可黃大年泰然自若，好像早已料到。

「大年真是惜時不惜命啊！」黃大年的朋友施一公感歎道：「在科學的競跑中，任何取得的成績都將馬上成為過去，一個真正的科學家總會有極其強大的不安全感，生怕自己稍微慢一步就落下了。」

二〇一六年十二月十二日，師生們把黃大年從醫院接回家。黃大年說先要回一趟辦公室拿材料，師生們陪著他進了地質宮，看著他整理好材料，還到各個辦公室轉了一圈，跟大家打著招呼，開玩笑地說：「不知道還能不能回來了。」

聽著黃大年的話，大家的淚水都湧上眼窩。

回家路上，車裏播放著〈斯卡布羅集市〉的口哨版。悠揚的樂曲在火紅的晚霞中飄蕩，清風輕撫著黃大年的臉頰。他望著車窗外的火燒雲，淚水倏然流下……

晚上，黃大年和弟弟妹妹吃了一頓餃子，這是他最後一頓團圓飯。

師生們到醫院探視，黃大年把一個儲存資料的行動硬碟交給祕書王郁涵；把一個筆記型電腦交給學生孫勇，那裏面是他對一些研究方向的新思考——委託青年教師焦健給學生拷貝了一些學習和實驗用的文獻資料和程式。

手術前一天晚上，醫生說患者要灌腸。大家就說去食堂吃，黃大年說：「都別走，我想你們……」於是，大家陪他吃完了飯。

吃完飯，黃大年趕走了所有人，包括弟弟妹妹，說要一個人靜靜。人們都走了，在空盪盪的病房裏，他拿起手機，打開微信。

「人生的戰場無處不在，很難說哪個最重要。無論什麼樣的戰鬥都有一個共性——大戰前夕最寂靜，靜得像平安夜。」這是在二〇一六年十二月十三日晚上八點，距離手術十六個小時，黃大年在微信朋友圈裏寫下的一段文字。

接下來他又寫道：「無聊中翻看著我的第一頁微信相冊，記錄了二〇〇九年聖誕節後把英國劍橋十多年的家移到長春南湖邊的日子。在湖邊的上班路上奔忙，一晃又到了第七個聖誕節。腦海裏滿是賀卡、聖誕歌、聖誕禮物、聖誕樹等忙碌後的放鬆感和濃濃的節日氣氛。它提醒職場拚搏的人們，事業重要，生活和家庭同樣重要，但健康最重要。」

此時，黃大年回憶起自己回國時的抉擇，想起自己說服妻子賣掉了兩家診所，一起回來。診所裏的藥堆滿了車庫，車都扔在了停車場，什麼都不管了。「必須立刻走！」他的耳邊迴響著當時自己的聲音……

尾聲　不滅的燈光

手術做完了，黃大年被從手術室推出來，大家都沉默地跟著手術車，走廊裏只有車輪發出的微弱滾動聲。

不管是黃大年研究團隊的成員，還是學校瞭解他的人，心裏都明白黃大年的癌症是餓一頓飽一頓引起的，是積勞成疾導致的，是一再疏忽、不到醫院治療導致的……他把自己的生命看得太輕了。

黃大年臥室的床頭櫃隱藏著祕密——三個抽屜裏滿是藥。

「黃老師早就知道自己的病情，為什麼不早點治呢？」

「唉！黃老師太不把自己的命當回事了。」

「不，是太當回事了，他才與死神賽跑，爭奪研究時間，哪怕是一分一秒。」

「『我是活一天賺一天，哪天倒下，就地掩埋。』黃老師這麼說過，我聽得真真的。」

「黃老師這回該好好養養病了……」

大家議論著，發著感慨。

就在手術前幾天，黃大年還在病房裏，給博士生王泰涵講解研究項目需要改進的地方……

病房成了黃大年新的「教室」，他一邊打著點滴，一邊還在給學生答疑解難。

黃大年術後身體很虛弱，說話也沒了往日的氣力，但還是不肯安靜地躺在病床上。

他目光炯炯，腦海中時常浮現出自己續簽「千人計畫」合約的情景——「我向學校只提一個要求：再延續兩年，一直工作到退休。把自己的後半生，全部奉獻給我的『科研夢』開始的地方。」經過五年的研發，黃大年的夢想在他眼前化作一系列重大成果：

——地面電磁探測系統工程原型機研製取得了顯著成果，為產業化和參與國際競爭奠定了基礎；

——固定翼無人機航磁探測系統工程原型機研製成功，填補了中國無人機大面積探測的技術空白；

——無纜自定位地震勘探系統工程原型機研製突破關鍵技術，為開展大面積地震勘探提供了技術支持和堅實基礎；

——成功研製出萬米大陸科學鑽探工程原型機「地殼一號」，為實施中國超深井大陸科學鑽探工程提供了強有力的技術裝備支持；

——自主研製出了綜合地球物理數據處理與集成軟體系統，為深探計畫實施提供了強有力的技術支持；

——建成首個國家深部探測關鍵儀器裝備野外實驗與示範基地，為規範管理儀器裝備研發和引進程序提供了驗證基地……

這些成果，為實施國家地球探測計畫積累了技術經驗和人才儲備，全面提高了中國在地球深部探測重型裝備方面的自主研發能力，加速了中國地球深部探測進程，叩開了「地球之門」，為中國「巡天、探地、潛海」填補了多項技術空白。

「呼——」

黃大年長吁一口氣，心裏喃喃著：我的努力沒辜負自己的誓言……不過，取得的成果還遠遠不夠，以後的路還很長……

他對祕書說：「只要我還能喘氣，就照常辦公。」

清醒的時候，他望著床邊的學生，氣力微弱地說：「我還沒有把你們培養成國際級的專家，一肚子的經驗卻不知怎麼教給你們。」彌留之際，他還在自責。

二〇一七年一月八日十三時三十八分，陽光照進加護病房的窗台，灑在黃大年安詳的臉上。他停止了呼吸，永遠地休息了。

床邊，還放著他的筆記型電腦。

夕陽緩緩地墜入地平線，映出滿天的紅霞。

天黑了，夜深了，星星眨著眼，注視著吉林大學地質宮。

地質宮五〇七室，黃大年辦公室的燈光還亮著……人走了，可音容笑貌尚在。

每週，學生們都會來五〇七辦公室打掃衛生，還在清明節時點上蠟燭，圍在黃老師遺像前陪老師聊聊天……

尾聲　不滅的燈光

國家圖書館出版品預行編目 (CIP) 資料

黃大年 / 蕭顯志作 . -- 第一版 . -- 新北市 : 風格司藝術創作坊出版 ; 臺北市 : 知書房發行 , 2021.06
面 ; 公分 . -- (嗨 ! 有趣的故事)
ISBN 978-957-8697-83-6(平裝)

1. 黃大年 2. 傳記

782.887 109003431

嗨！有趣的故事

黃大年

作　　者：蕭顯志
責任編輯：苗　龍

發　　行：知書房出版
出　　版：風格司藝術創作坊
　　　　　235 新北市中和區連勝街 28 號 1 樓
電　　話：(02) 8245-8890

總 經 銷：紅螞蟻圖書有限公司
　　　　　台北市內湖區舊宗路二段 121 巷 19 號
電　　話：(02) 2795-3656
傳　　真：(02) 2795-4100
http://www.e-redant.com

版　　次：2021 年 8 月初版　第一版第一刷
訂　　價：180 元

ISBN 978-957-8697-83-6 Printed in Taiwan